AÇÃO DE ALIMENTOS

P436a   Pereira, Sérgio Gischkow
        Ação de alimentos / Sérgio Gischkow Pereira. – 4. ed. rev., atual.
e ampl. – Porto Alegre: Livraria do Advogado Editora, 2007.
        127 p., 23 cm.
        ISBN 978-85-7348-516-5

        1. Alimentos. 2. Direito de família. I. Título.

                CDU – 347.615

        Índices para o catálogo sistemático:
Alimentos
Direito de família

(Bibliotecária responsável: Marta Roberto, CRB-10/652)

Sérgio Gischkow Pereira

AÇÃO DE ALIMENTOS

4ª edição
revista, atualizada e ampliada

Porto Alegre, 2007

© Sérgio Gischkow Pereira, 2007

Capa, projeto gráfico e diagramação
Livraria do Advogado Editora

Revisão
Rosane Marques Borba

Direitos desta edição reservados por
Livraria do Advogado Editora Ltda.
Rua Riachuelo, 1338
90010-273 Porto Alegre RS
Fone/fax: 0800-51-7522
editora@livrariadoadvogado.com.br
www.doadvogado.com.br

Impresso no Brasil / Printed in Brazil

"A mesquinhez impingida aos vivos não é tão deplorável se a gente se mantiver na recusa."

João Gilberto Noll,[1] em *A Fúria do Corpo*

---

[1] Que já deveria estar na Academia Brasileira de Letras e ter sido indicado para o Nobel, pois, como diz Cesar Aira, é hoje o escritor de maior grandeza no Brasil.

"Mas quem é que está preparado para o impossível que vai acontecer? Quem é que está preparado para a tragédia e para o absurdo do sofrimento? Ninguém. A tragédia do homem despreparado para a tragédia – esta é a tragédia do homem comum".

Philip Roth,[2] em *Pastoral Americana*

---

[2] Que já deveria ter recebido o Nobel.

Sumário

Apresentação 13

1. Introdução 15

2. Aspectos de direito material 17
    2.1. A unificação do tratamento da matéria alimentar no direito de família 17
    2.2. Conceito de alimentos. Os alimentos naturais e os alimentos civis 17
    2.3. Distinção entre obrigação de prestar alimentos e dever de sustento da família 19
    2.4. Características da obrigação alimentar 19
        2.4.1. Direito personalíssimo e incessível 19
        2.4.2. Transmissibilidade 20
        2.4.3. Irrenunciabilidade relativa 29
        2.4.4. Imprescritibilidade 30
        2.4.5. Impenhorabilidade 30
        2.4.6. Incompensabilidade 31
        2.4.7. Intransacionabilidade 31
        2.4.8. Mutabilidade 32
        2.4.9. Reciprocidade 32
        2.4.10. Irrestituibilidade 33
        2.4.11. Periodicidade 33
        2.4.12. Irretroatividade 33
        2.4.13. Não-solidariedade e solidariedade 33
    2.5. Quem pode reclamar alimentos de quem? 35
        2.5.1. Parentesco 35
        2.5.2. Cônjuges e companheiros 38
            2.5.2.1. Os alimentos, a separação judicial litigiosa remédio
                e o divórcio direto 38
            2.5.2.2. A influência da culpa nos alimentos entre cônjuges
                e na união estável 41
    2.6. Outros temas alimentares relevantes no Código Civil 47
        2.6.1. A influência da culpa como fator capaz de provocar a necessidade dos
            alimentos (art. 1.694, § 2º, do Código Civil) 47
        2.6.2. O procedimento indigno do credor de alimentos como causa da perda
            destes (ou de sua redução apenas, em certos casos?), conforme
            o art. 1.708, parágrafo único, do Código Civil 47
        2.6.3. A atualização da prestação alimentícia (art. 1.710 do Código Civil) 48

2.7. Os alimentos na guarda compartilhada 49
    2.7.1. A possibilidade da guarda compartilhada no direito brasileiro
        Suas vantagens e aparentes desvantagens 49
    2.7.2. Os alimentos na guarda compartilhada 51
2.8. Os alimentos e a possibilidade de realizar separação e divórcio
    amigáveis em tabelionato 53

3. Natureza da ação de alimentos 55

4. Sinopse histórica 59

5. Condições da ação 65

6. Pressupostos processuais 67
6.1. Classificação dos pressupostos processuais 67
6.2. Pressupostos processuais de existência 68
6.3. Pressupostos processuais de validez subjetivos 68
6.4. Pressupostos processuais de validade objetivos extrínsecos ao processo 71
    6.4.1. Coisa julgada 71
    6.4.2. Instrumento de mandato 73
6.5. Pressupostos processuais de validade objetivos intrínsecos ao processo 73

7. Procedimento 75
7.1. Dualidade de procedimento 75
7.2. O procedimento nas ações de revisão de alimentos 77
7.3. O acordo ou conciliação na ação de alimentos 80
7.4. Petição inicial 80
7.5. O art. 4º, parágrafo único, da Lei nº 5.478/68: a participação na
    renda líquida dos bens comuns 81
7.6. Alimentos provisórios e provisionais. Distinção. Desde quando são devidos
    e até quando vigoram. Sua alteração 83
7.7. Citação 92
7.8. Defesa do réu 94
    7.8.1. O prazo para defesa 94
    7.8.2. O conteúdo da defesa. Reconvenção. Ação declaratória incidental 94
7.9. Impugnação ao valor da causa 97
7.10. Ministério Público e curador especial 97
7.11. Intervenção de terceiros 99
7.12. Provas 101
    7.12.1. Considerações gerais 101
    7.12.2. Depoimentos pessoais 102
    7.12.3. Documentos 102
    7.12.4. Testemunhas 104
    7.12.5. Perícia 105
7.13. Audiência 105
7.14. Recursos 109
7.15. Execução 109

8. Súmulas do STF, STJ e TJRS e Conclusões do Centro de Estudos do TJRS,
sobre matéria alimentar 119
8.1. Súmulas do STF 119
8.2. Súmulas do STJ 119

8.3. Súmulas do TJRS 119

8.4. Conclusões do Centro de Estudos do TJRS 120

9. Enunciados sobre alimentos proferidos nas Jornadas de Direito Civil realizadas pelo Centro de Estudos Judiciários do Conselho da Justiça Federal 121

9.1. Enunciados aprovados – III Jornada de Direito Civil, em dezembro de 2004 . . . 121

9.2. Enunciados aprovados – IV Jornada de Direito Civil, em outubro de 2006 121

10. Bibliografia 123

Apresentação

Sentia-me de há muito em dívida com os que reclamavam nova edição da Ação de Alimentos (a 3ª edição foi de 1983 e está esgotada há bastante tempo). Finalmente, resolvi efetuar esta tarefa.

Muito precisei fazer, pois o prazo foi muito longo desde a edição precedente. Espero que o resultado se mostre pelo menos razoável. A Lei nº 5.478/68 (Lei de Alimentos) continua em vigor, mas é óbvio que sua interpretação doutrinária e jurisprudencial sofreu modificações, além do que os dados de direito material se alteraram bastante. Quanto a estes, utilizei também elementos constantes em minha recente obra sobre Direito de Família,[3] mas já revisados e com acréscimos; maiores informes, e uma diferente ordenação dos temas, se faziam necessários, pois, afinal, o presente livro se volta exclusivamente para aspectos alimentares.

Como assinalo na introdução, este livro será voltado, substancialmente, para a ação de alimentos como ação de conhecimento de rito especial no direito de família (Lei nº 5.478/68). Nem por isto, deixarei de enfocar pontos importantes no campo da ação de rito ordinário, da cautelaridade, da executividade e outros, pertinentes às demandas de conteúdo alimentar (ações revisionais e ação de oferta de alimentos), quando os considere indispensáveis para que se concretize a pretensão de direito material contida na *ação de alimentos* ou para que melhor se esclareça a matéria alimentar, mesmo tomada em sua totalidade.

Nas edições anteriores, coloquei, ao final da obra, acórdãos na íntegra. Assim fiz porque não havia a facilidade enorme de pesquisa jurisprudencial hoje permitida pela informática. Limito-me, agora, a indicar os acórdãos nas notas de rodapé.

Espero que esta atualização não decepcione os que a solicitavam. Quero que sejam rigorosos na crítica.

Porto Alegre, julho de 2007.

Sérgio Gischkow Pereira

---

[3] *Direito de família: aspectos do casamento, sua eficácia, separação, divórcio, parentesco, filiação, regime de bens, alimentos, bem de família, união estável, tutela e curatela.* Porto Alegre: Livraria do Advogado, 2007.

1. Introdução

Trata-se de fixar a abrangência da expressão *ação de alimentos*, face às diversas origens da obrigação alimentar e aos tipos de processo dentro dos quais se distribuem as pretensões alimentares.

Quanto às origens da obrigação alimentar, a doutrina admite que esta advém: a) diretamente da lei, em conseqüência de vínculo familiar; b) de contrato; c) de sentença judicial condenatória, proferida em ação de indenização por ato ilícito; d) de testamento. Importa ao presente estudo a ação tendente a fazer valer a pretensão alimentar contraposta à obrigação configurada por laços familiares, que é a tradicional *ação de alimentos*.

No concernente aos tipos de processos, temos: a) a ação de conhecimento (desdobrada em ação de rito especial – Lei nº 5.478/68 – e ação de rito ordinário); b) ação cautelar, que é a ação de alimentos provisionais do art. 852 do Código de Processo Civil;[4] c) a ação de execução. Comumente, a denominada *ação de alimentos* é a ação de conhecimento, e, mais restritivamente, a ação de conhecimento com rito especial, da Lei citada. Há também as ações revisionais de alimentos (para majorá-los, reduzi-los ou obter exoneração), que são ações de conhecimento; não costumam ser designadas de ações de alimentos, mas, de qualquer forma, para elas servirão considerações expendidas neste livro, ainda que este não as tenha como escopo precípuo, pois a elas pode se aplicar o rito da Lei nº 5.478/68, conforme seu art. 13, *caput*.[5]

A ação de oferta de alimentos (art. 24 da Lei nº 5.478/68) não deixa de ser uma demanda pertinente a alimentos, mas o costume da terminologia forense é chamá-la pelo nome referido, e não como ação de alimentos.

Em resumo, há que ter certa cautela técnico-terminológica. Temos várias ações *envolvendo discussões sobre alimentos*: a) ação de alimentos de rito especial, da Lei nº 5.478/68; b) ação de alimentos de rito ordinário

---

[4] Não confundir com alimentos provisórios. A distinção será feita no devido tempo.

[5] Este ponto não é pacífico, como depois veremos, mas a verdade é que prevalece a orientação de que as ações revisionais devem seguir o rito da Lei nº 5.478/68.

(cumulada ou não com investigação de paternidade); c) ação revisional de alimentos; d) ação de oferta de alimentos; e) ação cautelar de alimentos; f) ação de execução de alimentos. Porém, a denominada *ação de alimentos* é especificamente a ação de conhecimento na qual se pedem alimentos; o rito pode ser o especial ou o ordinário. Cumpre lembrar que, mais restritamente, no rigor técnico, *ação de alimentos* é nome reservado àquela prevista na Lei nº 5.478/68, pois a de rito ordinário é tida como *ação ordinária de alimentos*.

Este livro se volta, essencialmente, para a ação de alimentos no sentido estrito da ação de conhecimento de rito especial. Todavia, com freqüência, incursionarei pelas demais ações que envolvem discussões alimentares, no que interessem e sejam relevantes à completude desta obra.

A finalidade desta introdução consiste, portanto, em assinalar o alcance deste livro que será voltado, substancialmente, para a ação de alimentos como ação de conhecimento de rito especial no direito de família (Lei nº 5.478/68). Nem por isto, como antecipei, deixarei de enfocar pontos importantes no campo da cautelaridade, da executividade e outros, pertinentes às demandas de conteúdo alimentar, quando os considere indispensáveis para que se concretize a pretensão de direito material contida na *ação de alimentos* ou para que melhor se esclareça a matéria alimentar, mesmo tomada em sua totalidade.

2. Aspectos de direito material

2.1. A UNIFICAÇÃO DO TRATAMENTO DA MATÉRIA ALIMENTAR NO DIREITO DE FAMÍLIA

Trata-se de importante modificação trazida pelo Código Civil de 2002. Antes os alimentos para os parentes, os cônjuges e os companheiros eram regulados em diferentes diplomas legais.[6] Pelo novo Código Civil, houve unificação de todos os alimentos de direito de família no Livro IV, Título II, Subtítulo III. O art. 1.694, *caput*, deixa isto muito claro. As seqüelas desta unidade são grandes e serão apontadas mais adiante (análise da transmissão dos alimentos aos herdeiros do devedor e da possibilidade de renúncia ou não aos alimentos entre cônjuges e companheiros)).

Disse que a unificação atingiu os alimentos de direito de família. Realmente, há quatro espécies de alimentos, mas as outras são de natureza diversa e não têm a ver com nossas análises de direito de família. São os alimentos resultantes de contrato, os alimentos decorrentes de indenização por ato ilícito e os alimentos emergentes de testamento.

2.2. CONCEITO DE ALIMENTOS. OS ALIMENTOS NATURAIS E OS ALIMENTOS CIVIS

Yussef Said Cahali[7] disserta: "Alimentos são, pois, as prestações devidas, feitas para que quem as recebe possa subsistir, isto é, manter sua existência, realizar o direito à vida, tanto física (sustento do corpo) como intelectual e moral (cultivo e educação do espírito, do ser racional)".

---

[6] Para os parentes: arts. 396 a 405 do Código Civil de 1916. Para os cônjuges: arts. 19 a 23 da Lei nº 6.515/77. Companheiros: art. 7º da Lei nº 9.278/96.

[7] *Dos alimentos*. 5ª ed. São Paulo: Revista dos Tribunais, 2006, p. 16.

Orlando Gomes[8] diz que "Alimentos são prestações para satisfação das necessidades vitais de quem não pode provê-las por si".

Portanto, tecnicamente, é amplo o sentido do vocábulo, não se restringindo ao ângulo fisiológico, ao sustento em sentido estrito. Percebe-se, facilmente, a importância do assunto, respeitante aos mais fundamentais dos direitos humanos: o de viver e o de viver com dignidade.

Contudo, importante ressaltar que o novo Código Civil faz distinção entre alimentos civis e naturais. Esta distinção era feita pela doutrina e pela prática judiciária, mas não constava no Código Civil de 1916.

Hoje é explicitada no Código Civil. Os alimentos civis (destinados a atender todas as necessidades da pessoa, incluindo educação, lazer, ou seja, como diz Guilherme Calmon Nogueira da Gama,[9] necessidades de ordem intelectual, psíquica e social) estão no art. 1.694, *caput*; os alimentos naturais ou necessários (o estritamente necessário à manutenção da existência do credor, ou seja, alimentação, saúde, moradia e vestuário) estão nos arts. 1.694, §2º, e 1.704, parágrafo único, quando falam em valor indispensável à subsistência ou à sobrevivência.

Não tenho dúvida de que valor indispensável à sobrevivência ou subsistência não haverá de ser o salário mínimo, vergonhoso e irreal que é, salvo, é óbvio, se o alimentante for pobre. Deve ser quantia que corresponda à vida digna (dignidade humana, um dos maiores valores resguardados pela Constituição Federal).

Note-se que há, por parte de muitos, justa preocupação com alguns dos vocábulos empregados no art. 1.694, *caput,* para aludir aos alimentos civis: "modo compatível com a sua condição social". Isto pode significar a exigência de manutenção do padrão de vida, o que é um excesso, pelo menos entre cônjuges, e constitui tese que vinha sendo superada. A própria separação, em geral, prejudica o padrão de vida. Além disto, não é razoável que cônjuge acostumado, por exemplo, a desfrutar de vários automóveis, de aviões particulares, de iates, de constantes viagens ao exterior, enfim, de imensos luxos, tenha de manter tais vantagens após a separação. Tem-se resolvido que a permanência do padrão de vida, sem maiores discussões, é para os filhos. De qualquer forma, mesmo uma exegese mais voltada à expressão legislativa literal (modo compatível com a sua condição social) não irá certamente cometer o excesso de atribuir ao alimentado um padrão tal que implique a manutenção de vantagens demasiadas, como aquelas antes exemplificadas.

---

[8] *Direito de família.* 7ª ed. Rio de Janeiro: Forense, 1990, p. 404. Conceito apoiado por Carlos Roberto Gonçalves: Direito civil brasileiro, volume VI: direito de família. São Paulo: Saraiva, 2005, p. 440.

[9] *Comentários ao Código Civil brasileiro, v. XV: do direito de família – direito patrimonial. Fredie Didier Júnior e outros*; coordenadores Arruda Alvim e Thereza Alvim. Rio de Janeiro: Forense, 2005, p. 315 a 317.

2.3. DISTINÇÃO ENTRE OBRIGAÇÃO DE PRESTAR ALIMENTOS E DEVER DE SUSTENTO DA FAMÍLIA

Orlando Gomes coloca como relevante esta diferenciação.[10] Há realmente diferenças significativas. Segundo ele, a obrigação *stricto sensu* de prestar alimentos é recíproca, depende das possibilidades do devedor e é exigível se o credor potencial estiver necessitado. No dever de sustento da família (art. 1.566, inciso IV, do Código Civil), em princípio não é assim, pois o filho, enquanto menor, ou, mesmo maior, se estuda em nível de escolaridade compatível com sua faixa etária, não tem aquele ônus da reciprocidade e deve ser sustentado pelos pais, independentemente do binômio recursos/necessidade. Porém, a verdade é que o rigorismo desta distinção se dilui em parte em determinadas situações peculiares; por isto disse eu que apenas em princípio opera a diferenciação. Basta, como exemplo, imaginar caso concreto em que o filho, apesar de menor, herda uma fortuna ou recebe doação de porte; evidentemente, estará sujeito a sustentar todos os parentes – dentro dos graus de parentesco em que há obrigação alimentar, mesmo que seja um nenê. Da mesma forma, se o filho menor trabalhar, auferindo remuneração, ao passo que pai e mãe são doentes e não podem trabalhar para prover o próprio sustento.

2.4. CARACTERÍSTICAS DA OBRIGAÇÃO ALIMENTAR

Consideradas poucas divergências doutrinárias, é possível dizer que os alimentos são personalíssimos, incessíveis, transmissíveis, irrenunciáveis (em certas hipóteses, como veremos), imprescritíveis, impenhoráveis, incompensáveis, intransacionáveis, mutáveis, recíprocos, irrestituíveis, periódicos, irretroativos e não solidários – a obrigação alimentar é conjunta (o Estatuto do Idoso instituiu a solidariedade em favor dos idosos, como analisarei adiante). Passarei a tecer comentários sobre estas características.

2.4.1. Direito personalíssimo e incessível

Os alimentos são personalíssimos, e, portanto, incessíveis. Estas duas características podem ser examinadas conjuntamente, pois, a rigor, a segunda deriva da primeira. Porque são personalíssimos, ou seja, destinados especificamente à manutenção da vida – e da vida com dignidade – de determinada pessoa, não podem ser cedidos a outrem, por nenhum fato jurídico (negocial ou não-negocial). O art. 1.707 do Código Civil impõe a

---

[10] Ob. cit., p. 405 e 406.

incedibilidade dos alimentos. Importante, porém, assinalar que esta incedibilidade diz com os alimentos futuros ou vincendos; os alimentos vencidos não se diferenciam de um crédito comum e podem ser objeto de uma cessão de crédito.

2.4.2. Transmissibilidade

A transmissão dos alimentos aos herdeiros do devedor é questão complexa, que exige exame em maior extensão.

É fácil avaliar a importância da matéria alimentar, respeitante aos mais fundamentais dos direitos humanos: o de viver e de viver com dignidade. Este enfoque é indispensável a uma abordagem correta do assunto, a uma elaboração melhor do instituto, a uma análise justa dos dispositivos pertinentes. Não se está diante de interesses meramente patrimoniais, de conveniências econômico-financeiras plenamente disponíveis, regidas pelo direito das obrigações. A seriedade do tema o situa em plano elevado, de extremo relevo. As relações versadas são de direito de família, onde predominam interesses públicos, sociais, ligados à estrutura básica da coletividade. Os alimentos possibilitam a vida e a vida em condições de dignidade, permitindo ao indivíduo a evolução de seu potencial humano, em prol de si próprio e da comunidade. Não há lugar para egoísmos, para o individualismo exacerbado. Proveitos patrimoniais em absoluto podem sobrepujar a obrigação alimentar; eis um axioma basilar no equacionamento do problema da transmissibilidade daquela obrigação, em caso de falecimento do devedor, no que tange aos herdeiros deste.

O art. 402 do Código Civil de 1916 previa a intransmissibilidade da obrigação alimentar. Sempre defendi que foi totalmente revogado pelo art. 23 da Lei n° 6.515, de 26 de dezembro de 1977. Agora temos o art. 1.700 do Código Civil de 2002, que insiste no conteúdo do art. 23.

Nunca se pôs em dúvida a transmissão do débito correspondente às prestações alimentares em atraso no instante do falecimento do devedor. Sempre foi assim para quaisquer débitos do falecido; quanto mais para o débito alimentar, importantíssimo que é! Aí já se percebe o sério equívoco dos que interpretaram o art. 23 como se tratasse de mero comando no sentido da transmissão apenas dos alimentos vencidos. É exegese inadmissível, pois nada acrescentaria ao sistema em vigor e imputaria ao legislador uma assombrosa inutilidade, uma perfeita superfetação, uma risível obviedade. Doutrinadores e tribunais nunca se atreveram a pretender, no Brasil e nos outros países, que débito alimentar vencido do *de cujus* não se transmitisse aos seus herdeiros, dentro das forças da herança. Não seria em 1977 que uma lei federal viria declarar tal redundância. Não poderia ser tão mesquinho e pequeno o legislador.

Até a Lei nº 6.515/77, o direito brasileiro repousava, tranqüilo e imperturbável, sobre o dogma da intransmissibilidade. O art. 402 contava com simpatia geral, produto de arraigados preconceitos dominiais e sucessórios, campos perigosos e delicados. Não se apreendia o que há de justo e simples na assertiva de não se poder sobrepor o direito sucessório ao sagrado direito alimentar. As situações iníquas daí resultantes não eram sequer ponderadas.

Mas os fatos sociais pressionavam o legislador. Quis este coibir quadros de flagrante injustiça. Exemplo: "A" vem pensionando "B", sendo B pessoa idosa e inválida e que, para sua sobrevivência, depende da pensão de A. Este falece e deixa fabulosa herança. B não herda de A. Resultado: B fica na absoluta miséria, em que pese a monumental quantidade de bens distribuídos entre os herdeiros de A, que talvez deles nem necessitem. Dir-se-ia: mas e o parentesco de B com os herdeiros de A não possibilitaria viesse a exigir alimentos destes? A resposta pode ser negativa, bastando fossem A e B irmãos; nesta hipótese, os filhos de A seriam sobrinhos de B, ou seja, parentes colaterais em terceiro grau de B, grau de parentesco que não faculta a postulação alimentícia. Como um sistema jurídico, que se tem por bem elaborado, não traria remédio para tal crueldade? Estou em que a solução veio com o art. 23 da Lei do Divórcio – hoje confirmado pelo art. 1.700 do Código Civil de 2002 -, que permite a B receber alimentos vincendos dentro das forças da herança.

A regra passou a ser a transmissibilidade. Houve reações qualificáveis como quase passionais contra a inovação, talvez porque o art. 23, ao permitir a transmissão dos alimentos vincendos, se atreveu a colocá-los como mais importantes do que a herança. Se considerarmos que a herança é mero corolário do direito de propriedade, minha tese implica dizer que alimentos são mais importantes do que propriedade, ou seja, que uma vida com dignidade pode ser mais relevante do que o direito de propriedade. Fácil perceber as implicações desta linha de pensamento e como é capaz de assustar alguns.

Com razão está Luiz Murillo Fábregas,[11] referindo-se ao art. 23: "Talvez tenha sido o dispositivo mais combatido e, na maior parte das vezes, em razão de pouca informação sobre a matéria ou da pouca meditação a respeito dela".

Tudo está em perceber que a transmissão opera exclusivamente no respeitante ao patrimônio deixado pelo *de cujus*, isto é, não vai além deste, não supera as forças da herança. A obrigação não se transmite, pura e simples, aos herdeiros, mas somente se transfere incidindo sobre o patrimônio do falecido, na proporção deste. Inexistentes bens, desaparecerá a obrigação. Se insuficientes os bens para gerarem o valor integral da pensão, ver-

---

[11] *O divórcio.* Editora Rio, 1978, p. 94.

AÇÃO DE ALIMENTOS

se-á esta reduzida proporcionalmente. Por isto o art. 23 da Lei do Divórcio aludia ao art. 1.796 do Código Civil anterior.[12]

Três correntes básicas de opinião se constituíram, diante do art. 23 da Lei nº 6.515/77: 1) o art. 23 só se referia ao débito alimentar vencido e não-pago, existente no instante do falecimento do devedor; 2) o art. 23 se estendia às prestações vincendas e a quaisquer alimentos de direito de família[13](posição que defendi sempre, desde o surgimento do art. 23). A operacionalidade do novo sistema se daria pela constituição de um capital com os valores deixados pelo *de cujus,* cuja renda assegure o pagamento da prestação alimentar (sugestão que tomei a liberdade de dar quando da edição da Lei do Divórcio);[14] 3) a obrigação alimentar que se transmitiria aos herdeiros seria unicamente aquela devida por um cônjuge ao outro ou, no máximo, devida pelos pais aos filhos, pois que o art. 23 aparece em uma lei que trata sobre separação judicial e divórcio, e, portanto, só se aplicaria aos alimentos que aparecem em separações e divórcios.

A primeira posição é, a meu pensar, muito fraca e já a critiquei neste texto.

A verdade reside na segunda orientação, como estou tentando demonstrar neste trabalho.

A terceira corrente foi a majoritária no Brasil, a partir do Tribunal de Justiça de São Paulo e dos ensinamentos de Yussef Said Cahali e Silvio Rodrigues;[15] saliento que Cahali mudou de opinião em face do novo Código Civil;[16] Sílvio Rodrigues invocou argumento histórico, afirmando que o art. 23 se inspirou na legislação francesa, e esta só prevê a transmissão dos alimentos devidos por um cônjuge ao outro (na França tais alimentos têm caráter indenizatório ou compensatório). Não vejo porque imitar o pensamento francês, principalmente se nossa lei não contém indicação de que só se transmitam os alimentos pela forma restritiva apontada. Por que não poderia o Brasil imprimir outra direção à matéria? Por que forçosamente pre-

---

[12] Alguns se preocupam porque o art. 1.700 do Código Civil de 2002 se reporta ao art. 1.694 e não menciona dispositivo legal pertinente à herança. Ora, isto em nada altera o fato de que a transmissão só ocorre dentro das forças da herança. Importa é que o artigo 1.700 é claro ao falar em transmissão aos herdeiros; isto significa que cabe aplicar as normas de direito hereditário e nestas é absolutamente pacífico que os débitos do falecido estão limitados pelas forças da herança.

[13] Evidente que, das quatro espécies de alimentos, somente me refiro aos alimentos de direito de família. É preciso lembrar que há outras três modalidades de alimentos: duas de direito obrigacional – alimentos resultantes de contrato e alimentos advindos de indenização por ato ilícito – e uma de direito sucessório (alimentos previstos em testamento).

[14] De maneira alguma serão vendidos bens para pagar os alimentos, sob pena de não sobrarem nem bens e nem alimentos. O que se faz é colocar os bens a produzir rendimentos: aluguéis de imóveis, dividendos de ações, juros de cadernetas de poupança ou outras aplicações financeiras.

[15] Quanto a Yussef: *Dos alimentos.* 3ª ed. São Paulo: Revista dos Tribunais, 1998, p. 57 a 104. Sílvio Rodrigues: *O divórcio e a lei que o regulamenta.* São Paulo: Saraiva, 1978, p. 141 a 143. Acórdãos: RT 616/177, 629/110, 574/68; Revista do STJ 135/359.

[16] *Dos alimentos,* 5ª ed., 2006, p. 78 e 79.

cisaria ficar jungido pelo direito estrangeiro? Não encontro necessidade do apelo à teoria dos alimentos como compensação ou indenização. Importa é perceber a incomensurável significação do débito alimentar, relacionado diretamente com a sobrevivência do ser humano, e, por isto mesmo, devendo prevalecer sobre os interesses meramente patrimoniais dos herdeiros.

Na época, insisti pela segunda corrente e continuo a fazê-lo, agora com o apoio do novo Código Civil, como depois mostrarei. Com efeito, os bens do acervo hereditário devem primeiro responder pelo pagamento dos alimentos; depois serão atendidos os herdeiros. Se o capital a ser constituído, para render o valor da pensão, absorver toda a herança, não vejo nisto problema algum. A regra é sobrar aos herdeiros o que não foi consumido pelos débitos do falecido. O normal é ninguém esperar uma herança para sobreviver. A herança é aleatória, é como inesperado presente, doação imprevisível, questão de sorte até. Os alimentos são de características notavelmente distintas. Por que idolatrar os direitos sucessórios, ainda mais em detrimento de um valor maior? Os alimentos estão relacionados ao máximo de moralidade, pois dizem com a manutenção da vida e com nível digno de vida. A herança, diversamente, muitas vezes se reveste de duvidosa moralidade, dado que importa em torcer pela morte de outrem, além do que o herdeiro não fez por merecê-la: quem quiser dinheiro que trabalhe para obtê-lo.

O dogma da intransmissibilidade nem era tão intocável como imaginam alguns. Baudry-Lacantinerie e Houques-Fourcade[17] (atenção: opiniões que emitiram em 1900!) reconhecem nada há de herético na transmissão aos herdeiros do devedor, apenas não considerando este evento como normal. Dissertam: "On a voulu, à la vérité, découvrir dans les arts. 762 à 764 la preuve qu'ils n'ont pas 'vu, dans la nature de la dette alimentaire, um obstacle absolu à sa transmissibilité aux héritiers'. Aussi ne prétendons-nous pas qu'il faille violenter la nature des choses pour imposer cette charge aux successeurs universels du débiteur. Nous disons seulement qu'il n'est pas normal que cette charge leur passe, quoiqu'il puísse être parfois très opportun de la leur faire supporter".[18] Mencionam ilustres vultos do direito francês com orientação favorável à transmissão:[19] Aubry et Rau, Demante, Duranton, Proudhon, Delvincourt, Marcadé, Allemand. Também admitem a existência de exceções marcantes ao princípio da intransmissibilidade: "Le Code Civil avait lui-même reconnu aux enfants adultérins ou incestueux un droit aux aliments opposable à la succession de leurs père et mère (art. 762 s.). La loi du 9 mars 1891 est venune depuis en reconnaître un semblable au conjoint survivant vis-à-vis de la succession de l'époux

---

[17] *Traité théorique et pratique de droit civil*. 2ª ed. Paris: Librairie de la Société du Recueil Gal des Lois et des Arrêts, 1900. Des personnes, tomo 2º.

[18] Ob. cit., p.592.

[19] Idem, p. 591.

AÇÃO DE ALIMENTOS

prédécédé, et enlever ainsi à cette question une forte partie de son intérêt pratique".

Colin e Capitant,[20] ainda que contrários à transmissão, percebem como "la intransmisibilidad de la obligación alimentícia, considerada desde el punto de vista pasivo, ha sido más discutida. En el caso em que las necesidades del acreedor hibieran nacido antes del fallecimiento del deudor, se há sostenido que, como la obligación alimentícia grava virtualmente el patrimonio del difunto, se transmite a los herederos de este de la misma manera que el resto del pasivo sucesorio". Além disto, reconhecem três exceções à regra da intransmissibilidade: a) "los hijos incestuosos o adulterinos pueden reclamar alimentos no sólo a su progenitor, sino a la sucesión del mismo (art. 762); b) el cónyuge superviviente tiene, em caso de necessidad, derecho a reclamar alimentos a la sucesión del cóyuge premuerto (art. 205, § 1º, 2ª parte, adicionada por la ley de 9 de marzo de 1891)"; c) "finalmente, cuando la deuda alimentícia no resulta de uma cualidad personal del difunto – esto deriva, naturalmente, de lo que precede – se transmite contra sus herederos. Así sucede, según hemos visto cuando se trata de uma pensión debida después del divorcio por el cónyuge contra el cual el divorcio se ha concedido. El fundamiento de la obligación es, aqui, el delito cometido por el esposo cuya conducta ha provocado el divorcio, (...)".

Henri, Léon e Jean Mazeaud trazem as mesma três exceções narradas por Colin e Capitant.[21]

Louis Josserand[22] fala das exceções correspondentes aos casos do cônjuge sobrevivente e dos filhos incestuosos e adulterinos. Admite também, ainda que criticando, a ocorrência de julgamentos fixando uma terceira derrogação da regra da intransmissibilidade: para a pensão de alimentos estabelecida como conseqüência de uma separação de corpos. As duas primeiras exceções são objeto de alusão por Planiol e Ripert.[23] Quanto aos filhos adulterinos, incestuosos e naturais simples, Roberto de Ruggiero indica como em relação a estes a obrigação alimentar não se extingue com a morte do devedor.[24]

Na tradução espanhola da obra de Ennecerus, Kipp e Wolff,[25] Blas Pérez Gonzáles e José Castán Tobeñas, em suas notas de comparação e adaptação ao sistema de seu país, mostram que com o falecimento do devedor não termina a obrigação alimentar no concernente aos filhos ilegítimos

---

[20] *Curso elemental de derecho civil.* 3ª ed. Madrid: Instituto Editorial Reus, 1952. Tomo Iº, p. 779 e 780.

[21] *Leçons de droit civil.* Paris: Éditions Montchrestien, 1955. Tomo Iº, p. 1.188 e 1.190.

[22] *Derecho civil.* Buenos Aires: Ediciones Jurídicas Europa-América, Bosch y Cia., 1952. Tomo I, II, p. 330 e 331.

[23] *Tratado practico de derecho civil francés.* Cuba: Cultural S/A, 1946. Tomo 2º, p. 42.

[24] *Instituições de direito civil.* 3ª ed. São Paulo: Saraiva, 1972. Vol. II, p. 41 e 42.

[25] *Tratado de derecho civil.* 2ª ed. Barcelona: Bosch, Casa Editorial. Tomo IV, 2º, p. 251.

não-naturais. Aduzem: "En Aragon, según el art. 30, ap. 2°, del Apéndice foral, puede también transmitirse em algún caso a los herederos la deuda alimenticia relativa a los hijos legítimos del causante, pues el heredero forzoso que por la distribución Del caudal hecha por el testador resulte necesitado de alimentos, podrá ejercitar la acción, arregladamente al artículo 142, del Código general, contra los sucesores del ascendiente, em proporción com las respectivas participaciones em la herencia forzosa".

Qual o fundamento para as exceções observadas no direito comparado? Roberto de Ruggiero[26] situa o problema face ao fato de serem os filhos adulterinos, incestuosos e naturais simples excluídos da sucessão. Planiol e Ripert[27] igualmente destacam a ausência de vocação hereditária daquela categoria de filhos. Quanto ao cônjuge supérstite, busca-se a compensação por insuficiência de seus direito perante a sucessão do cônjuge falecido: Henri, Leon e Jean Mazeaud.[28] Estes juristas, ao abordar a hipótese do cônjuge divorciado, trazem a teoria do caráter indenizatório da pensão alimentar.

Aramy Dornelles da Luz[29] ensina: "O que responde pelo cumprimento da obrigação são os bens do devedor. Assim sendo, lícito não é transmitir seu patrimônio a outrem, fraudando os credores. Não há de ser a morte que operará a extinção da dívida se patrimônio lhe sobrevive. A obrigação grava então os bens. Eles é que respondem. Como, com a sucessão causa mortis, estes bens gravados ingressam no patrimônio de terceiros, a obrigação não se transmite, já que é pessoal, mas os herdeiros se sub-rogam no dever de cumprir a prestação, pois, em caso contrário, teriam de oferecer estes bens em pagamento ou em garantia". Portanto, compreendido que a transmissão não vai vincular os herdeiros, senão que em proporção ao que receberam na herança, ver-se-á o equívoco dos que se preocupam com situações como as que seguem: a) "A" casa com "B" e eles não têm filhos; divorciam-se, sendo que "A" fica pagando alimentos para "B"; "A" volta a casar-se, desta vez com "C", surgindo filhos; falece "A", com o que seus filhos com "C" ficam obrigados a suportar a pensão para com "B" (sempre, repito e enfatizo, dentro das forças da herança); b) na mesma hipótese, se "A" não deixa descendentes ou ascendentes ao morrer, "C" terá que prestar alimentos para "B" (a segunda esposa sustentando a primeira); c) "A" casa com "B"; divorciam-se, ficando "A" alimentando "B"; "A" morre sem deixar herdeiros, a não ser um primo-irmão; eis que este primo teria de sustentar "B".

A doutrina nacional, apesar da forte resistência ao art. 23 da Lei do Divórcio, acabou por se inclinar pela inevitabilidade da transmissão, mes-

---

[26] Ob. e vol. cit., p. 41.

[27] Ob. e tomo cit., p. 42.

[28] Ob., tomo e loc. cit..

[29] *O divórcio no Brasil.* São Paulo: Saraiva, 1978, p. 101 e 102.

mo os que a combatem veementemente. Quando muito, buscou-se restringir o alcance da norma, pela antes aludida tese de que só se aplicaria para alimentos entre cônjuges e dos pais para com os filhos.

Editado o novo Código Civil, importantíssima modificação houve na matéria. Como *todos* os alimentos de direito de família estão regulados em um mesmo local (Livro IV, Título II, Subtítulo III; veja-se que o art. 1.694 cogita de parentes, cônjuges e companheiros), segue que não mais se sustenta a tese antes majoritária, que limitava a transmissão aos alimentos surgidos no interior de uma separação judicial ou de um divórcio. Hoje quaisquer alimentos de direito de família se transmitem aos herdeiros do devedor, dentro das forças da herança. Com satisfação, vejo prevalecer a tese que sempre me pareceu a mais correta..

Yussef Said Cahali[30] aceita que, face ao atual Código Civil, outra não pode ser a solução. Belmiro Pedro Welter,[31] Sílvio de Salvo Venosa[32] e Maria Helena Diniz[33] têm igual compreensão. Forçoso, contudo, admitir que a resistência continua existindo: a) a) Regina Beatriz Tavares da Silva[34] diz que a transmissão deve ser restrita ao companheiro e ao cônjuge, dependendo, quanto ao último, de seu direito à herança; b) Zeno Veloso[35] quer que a doutrina e os tribunais restrinjam a exegese do art. 1.700 e tem por inadmissível que filhos do falecido sejam obrigados a pensionar um tio;[36] c) Nelcy Pereira Lessa[37] informa que o IBDFAM quer nova redação para o art. 1.700, a fim de que só abranja alimentos decorrentes do casamento ou da união estável.; d) Washington Epaminondas Medeiros Barra[38] defende uma interpretação o mais restritiva possível ao art. 1.700, pois vê nele violação de elementares princípios gerais do direito, estando maculado pela eiva de inconstitucionalidade.[39] No Judiciário, continuam aparecendo acórdãos que

---

[30] *Dos alimentos.* 5ª ed. São Paulo: Revista dos Tribunais, 2006, p. 78 e 79.

[31] *Alimentos no Código Civil.* Porto Alegre: Síntese, 2003, p. 41

[32] *Direito Civil – Direito de família.* 2ª ed. São Paulo: Atlas, 2002. Vol. 6, p. 378.

[33] *Curso de direito civil brasileiro.* 17ª ed. São Paulo: Saraiva, 2002. Vol. 5º, p. 463 e 464.

[34] *Novo código civil comentado.* São Paulo: Saraiva, 2002. Coordenador: Ricardo Fiúza, p. 1.509.

[35] *Código civil comentado: direito de família, alimentos, bem de família, união estável, tutela e curatela: arts. 1.694 a 1.783.* São Paulo: Atlas, 2003. Coordenador: Álvaro Villaça Azevedo. Vol. XVII, p. 39 e 40.

[36] Como expus antes, tenho que, bem ao contrário da idéia de Zeno Veloso, a hipótese de sobrinhos responderem para com um tio, dentro das forças da herança que receberam, é caso paradigmático das vantagens de uma interpretação ampla do art. 1.700.

[37] *O novo código civil: livro IV do direito de família.* Coordenação geral: Heloisa Maria Daltro Leite. Rio de Janeiro: Freitas Bastos, 2002, p. 398.

[38] *O novo Código Civil: Estudos em homenagem ao professor Miguel Reale.* Coordenadores: Ives Gandra da Silva Martins Filho, Gilmar Ferreira Mendes e Domingos Franciulli Netto. São Paulo: LTr, 2003, p. 1.258 e 1.259.

[39] Com todo o respeito, não atino com tais defeitos e não vejo em que a preservação da vida e da vida com dignidade, em detrimento da herança, afete qualquer princípio geral de direito. A verdade é bem outra, pois a interpretação que sustento está em conformidade com o art. 1º, inciso III, da Constituição

afirmam só se transmitirem os alimentos que o *de cujus* devia quando faleceu (vencidos).[40]

Lamento, porém, que tenha surgido outra fórmula restritiva ao magnífico sentido do art. 23, hoje 1.700: a transmissão operaria somente até a partilha dos bens do *de cujus*. Mais perigosa esta interpretação porque seus argumentos valem para o art. 1700 do Código Civil de 2002. Neste teor foi deliberação do 4º Grupo Cível do Tribunal de Justiça do Rio Grande do Sul.[41] Mais preocupante é que o Superior Tribunal de Justiça resolveu por igual forma.[42] Mais uma vez se revela a, com toda a vênia, injustificada resistência aos arts. 23-1700. Não tenho dúvida de que a transmissão continua mesmo feita a partilha. Esta exegese restritiva não pode ser acatada porque destrói a razão de ser da transmissibilidade e os elevados objetivos sociais e humanos que ditaram sua aceitação pelo direito brasileiro. Outra vez se põe a herança acima dos alimentos, e os arts. 23 e 700 ficam praticamente letra morta. Não importa, inclusive, que o alimentado reúna a condição de herdeiro; ainda que seja óbvio que se deva fazer uma compensação, para que o alimentado não receba duas vezes, seria injusto que desaparecessem os alimentos com a partilha, pois pode simplesmente acontecer que o quinhão hereditário seja totalmente insuficiente para a manutenção do alimentado! Neste caso, penso devem os quinhões dos demais herdeiros ser atingidos pelos alimentos. E mais: a orientação de que a transmissão opera apenas até a partilha não resolve o caso, antes exemplificado, de irmão que sustenta irmão; com efeito, se o alimentante, ao falecer, deixa filhos, estes recolherão toda a herança, isto é, seu tio, o alimentado, nada recebe na partilha; como, nesta hipótese, dizer que, com a partilha, cessam os alimentos?!

Aceitar a transmissão dos alimentos em quaisquer casos de direito de família, sem que haja limitação trazida pela partilha de bens do *de cujus* (não canso se insistir: transmissão dentro das forças da herança), traz grandes dificuldades jurídicas. Chego a imaginar que alguns preferem repelir a solução com receio de tais problemas (...).

Pretendo agora arrolar algumas das dificuldades que aparecerão quando operacionalizada a transmissão:

a) O fato de o alimentado ser legitimado também para acionar, pedindo alimentos diretamente a herdeiros do devedor, pois existente vínculo parental que torne isto possível, não elide seja transmitida a obrigação alimentar, que é condicionada ao patrimônio do *de cujus*. É uma garantia a mais para o credor dos alimentos. Se insuficientes os bens do espólio,

---

Federal. A dignidade humana aparece na nossa Constituição antes do direito de propriedade e de sua seqüela, que é o direito à herança.

[40] AI nº 004.04.900011-2, do TJES, julgado em 20.05.2006. Fonte: Boletim IBDFAM nº 39, julho-agosto 2006, p. 11.

[41] RJTJRS 213/189.

[42] Lex Jurisprudência do Superior Tribunal de Justiça e dos Tribunais Regionais Federais, 140/82.

restará ao credor a via de complementar a pensão, voltando-se contra os herdeiros pessoalmente obrigados.

b) E se o alimentado for herdeiro? Penso que não se trata de excluir a transmissão, como querem alguns, mas apenas de fazer as devidas compensações patrimoniais, para que o alimentado-herdeiro não receba duplamente.

c) Conseqüência lógica das premissas de meus raciocínios (aplicam-se as regras cabíveis de direito sucessório) é a de que herdeiro que renuncie à herança não é onerado com a obrigação alimentar transmitida, pois simplesmente não recebe o patrimônio do falecido.

d) Como a obrigação permanece e se dimensiona em torno dos bens do acervo hereditário, desaparece a perplexidade oriunda dos casos em que o município receba a herança.

e) Se os herdeiros já receberam os seus quinhões, contribuirão, para a formação do capital produtor da pensão alimentar, na proporção das quotas hereditárias auferidas e sempre dentro de seus limites. A ação de alimentos será orientada contra todos os herdeiros, em litisconsórcio passivo.

f) Pelo significado vital da prestação alimentar, não vejo como não se lhe emprestar preferência sobre outros débitos do morto. Quando muito, devem ser antes pagas as despesas do processo de inventário e partilha (imposto de transmissão *causa mortis*, taxa judiciária, custas).

g) Cessadas as necessidades do alimentado, não há por que continuar a se beneficiar com os alimentos. O capital, cuja aplicação rende a pensão alimentícia, será liberado para ser plenamente usufruído entre os herdeiros.

É óbvio, não terá influência a melhoria da situação econômico-financeira dos herdeiros, pois se trata de circunstância a eles pessoal e peculiar, desligada do patrimônio do de *cujus*.

Se aumentarem as privações do alimentado, nada haverá a fazer, posto que seria um erro grave pretender estivessem os herdeiros sujeitos, a qualquer momento, à ameaça de deverem fornecer verba para reforço do capital constituído. Não há outro percurso a não ser mensurar o valor da pensão alimentar, para apuração do citado capital, em conformidade com o que recebia o alimentado quando do falecimento do alimentante. Os alimentos serão apenas atualizados monetariamente. O cálculo do capital será entregue a peritos em matéria de moeda, inflação, finanças, estatística, ciência atuarial e matemática.

h) Outro tema complexo será resolver se o credor terá o direito de reclamar a pensão alimentar se já não a estivesse recebendo no instante da abertura da sucessão. É das questões mais difíceis e polêmicas.

Aqui prefiro ficar com a interpretação menos ampla. Afinal, já estou conferindo ao art. 1.700 uma forte amplitude, da qual muitos discordam. Pelo menos me cabe considerar o texto legal, que fala em ser transmitida a "obrigação de prestar alimentos".O que se transmite é a *obrigação*, e não o dever jurídico.[43] Assim, deve existir obrigação devidamente preconstituída, mediante sentença, condenatória ou homologatória de acordo, ou, pelo menos, mediante acordo extrajudicial, admitido até que este acordo não seja escrito, mas resultante de costumeiro e regular pagamento de alimentos. Não concordo é que a ação de alimentos seja proposta contra a sucessão ou contra os herdeiros, se os alimentos não vinham sendo pagos antes da morte do alimentante; aí me parece uma demasia, um excesso não confortado pelo sistema legal.

Muitas outras dúvidas surgirão, que a habilidade dos intérpretes saberá solucionar.

Importa, afinal e antes de tudo, é que não se queira destruir o art. 1.700, com interpretações menores totalmente divorciadas das finalidades notáveis que o ditaram. É preciso ter a grandeza de perceber que está envolvido o conflito entre dignidade humana e solidariedade de um lado, e, do outro, o direito hereditário; ora, a primeira e a segunda são prestigiadas nos princípios fundamentais da Constituição Federal (art. 1º, inciso III, e art. 3º, inciso I), parte mais importante da Carta Magna; o direito à herança vem bem *depois* (art. 5º, inciso XXX). Os alimentos são tão importantes que figuram mais de uma vez na Constituição Federal: arts. 5º, inciso LXVII, 100, *caput* e § 1º-A, 227, *caput* e 229.

2.4.3. Irrenunciabilidade relativa

Nunca houve dúvida sobre serem irrenunciáveis os alimentos entre os parentes. A discussão é em torno dos alimentos entre cônjuges e companheiros, assunto que passarei a tratar.

É sabido que a doutrina sempre foi, por sua grande maioria, pela renunciabilidade dos alimentos entre cônjuges. Não faltavam argumentos lógicos, tais como a necessidade de cumprir o contratado e a circunstância de que o Código Civil de 1916, ao falar da irrenunciabilidade (art. 404), o fazia em parte destinada aos alimentos entre parentes, mas não entre cônjuges.

No entanto, a maioria da jurisprudência se inclinava pela irrenunciabilidade, o que culminou com a Súmula 379 do STF. Os tribunais se preocupavam com a proteção da mulher e com o fato de que, em geral, por trás da renúncia, estavam ameaças de morte, espancamentos ou vigarices.

A partir da Constituição Federal de 1988, a tendência jurisprudencial se alterou, em face da igualdade entre homem e mulher (Jamil Andraus Hanna Bannura bem externou esta nova visão em artigo de sua autoria[44]), passando a maioria dos julgamentos a resolver pela renunciabilidade, in-

---

[43] Baseio-me no trinômio (tão bem explanado por Pontes de Miranda) dever jurídico – obrigação – exceção, ao qual se contrapõem direito subjetivo – pretensão – ação.

[44] Pela extinção dos alimentos entre cônjuges, artigo publicado em: Direitos Fundamentais do Direito de Família/Adalgisa Wiedemann Chaves (...) [et al.]; coordenador Belmiro Pedro Welter, Rolf Hanssen Madaleno. Porto Alegre: Livraria do Advogado, 2004, p. 121 a 138.

clusive no STJ. Tudo indicava a prevalência definitiva da renunciabilidade, mesmo porque os assuntos de família dificilmente têm chegado ao STF. Passou a ser ignorada a Súmula 379.

Surpreendente reviravolta deu-se com o art. 1.707 do novo Código Civil. Este impôs a irrenunciabilidade, sem distinguir entre parentes, cônjuges ou companheiros. Aliás, o tratamento unificado de todos os alimentos de família tornaria inevitável que o art. 1.707 também se aplique aos cônjuges e companheiros.

Todavia, parece-me possível abrir uma exceção para o caso de divórcio e de ruptura de união estável. Reputo uma demasia a irrenunciabilidade quando foi dissolvido o vínculo matrimonial ou rompida a união estável. Exegese razoável e sábia da lei deve conduzir a este resultado, não se tomando o art. 1.707 em sua literalidade. A interpretação sistemática indica que, havendo completa ruptura do vínculo conjugal e da convivência estável, não há razoabilidade em, mesmo aí, não admitir a renúncia. Esta opinião é defendida, entre outros, por Luiz Felipe Brasil Santos, Francisco José Cahali e Carlos Roberto Gonçalves,[45] assim como Maria Aracy Menezes Costa.[46] O TJRS já deliberou desta maneira, preconizando interpretação restritiva para o art. 1.707.[47]

Bem mais difícil é reintroduzir a renunciabilidade na separação judicial e, até agora, não me convenci que seja possível. Porém, Antônio Carlos Mathias Coltro vê base constitucional e legal para defender a possibilidade de renúncia mesmo em tal hipótese.[48]

2.4.4. Imprescritibilidade

A imprescritibilidade é outra das características da obrigação alimentar. O que é imprescritível é o direito aos alimentos, e não cada prestação alimentar isoladamente.[49] A simplicidade da matéria dispensa maiores divagações.

2.4.5. Impenhorabilidade

A impenhorabilidade dos alimentos está expressamente prevista no art. 1.707 do Código Civil. Yussef Said Cahali,[50] com base em Orlando

---

[45] Carlos Roberto Gonçalves, ob. cit., p.463 a 467.

[46] *A renúncia a alimentos no novo Código Civil: casamento e união estável, artigo publicado em: Grandes temas da atualidade, v.5: alimentos no novo Código Civil: aspectos polêmicos*/coordenador Eduardo de Oliveira Leite; Adriana Kruchin(...)[*et al.*]. Rio de Janeiro: Forense, 2006, p. 143 a 156.

[47] Apelação cível nº 70015015852, sendo Relator o Des. Luiz Ari Azambuja Ramos.

[48] *Afeto, Ética, Família e o novo Código Civil (anais do IV Congresso Brasileiro de Direito de Família, realizado em setembro de 2003)*; coordenador: Rodrigo da Cunha Pereira. Belo Horizonte: Del Rey, 2004, p. 61 a 73 em artigo sob o título A separação judicial e a renúncia a alimentos.

[49] A prestação alimentar prescreve, pelo novo Código Civil, não mais em cinco anos, mas sim em dois anos: art. 206, §2º.

[50] *Dos Alimentos*. 5ª ed. São Paulo: Revista dos Tribunais, 2006, p. 85.

Gomes, faz oportunas observações: "Conforme assinala Orlando Gomes, 'pretendem alguns que a proteção legal não se estenda à totalidade do crédito, no pressuposto de que, prestados os alimentos civis, há sempre uma parte que não corresponde ao necessarium vitae. Admite-se, outrossim, que os alimentos são impenhoráveis no estado de crédito; a impenhorabilidade não acompanharia os bens que foram convertidos. Sustenta-se, afinal, com fundamentos razoáveis, que a penhora pode recair sobre a soma de alimentos provenientes do recebimento de prestações atrasadas. Não há regras que disciplinem especificamente tais situações. O juiz deve orientar-se pelo princípio de que a impenhorabilidade é uma garantia instituída em função da finalidade do instituto".

2.4.6. Incompensabilidade

A incompensabilidade aparece também no art. 1.707 do Código Civil. Aliás, igualmente surge no art. 373, inciso II. É, contudo, característica que vem sendo atenuada, por atuação de princípios maiores de justiça. A propósito, repetidamente afirmo que o direito não pode trabalhar com teses definitivas e inquestionáveis. É verdade que, em questão alimentar, as interpretações devem sempre ter em vista o prestígio da verba alimentar, pois diz com a própria existência da pessoa e com sua vida com dignidade; mas, em algumas hipóteses, vetor mais elevado de justiça pode operar, como o de se evitar o enriquecimento ilícito do credor de alimentos. É ônus do intérprete e aplicador da lei ponderar a relevância dos valores envolvidos (daí o encanto e a complexidade do direito). Nesta linha de pensamento, Sílvio de Salvo Venosa,[51] seguindo Cahali, acata, por exemplo, a compensação de alimentos pagos a mais, tanto para os provisórios como para os definitivos. O STJ já aceitou compensação com o que foi pago a mais antes do julgamento final;[52] tratou-se de hipótese em que os alimentos provisórios foram de 30%, mas o Tribunal os reduziu para 20%; o STJ entendeu que os alimentos definitivos são devidos a partir da citação, mas o devedor poderia compensar os 10% que pagara a mais. O TJRS, sendo Relator o Des. Luiz Felipe Brasil Santos, decidiu que não são irrepetíveis os alimentos, se pagos a quem deles não é titular; no caso concreto, continuaram a ser pagos para a genitora, mesmo quando ela não mais detinha a guarda dos filhos, que eram os verdadeiros titulares da verba; a restituição se impunha, sob pena de enriquecimento sem causa.[53]

2.4.7. Intransacionabilidade

Outra nota característica dos alimentos é a intransacionabilidade. Significa que o *direito* de obter alimentos não pode ser transacionado.

---

[51] *Direito Civil: direito de família*. 2ª ed. São Paulo: Atlas, 2002. Vol. 6, p. 366.

[52] RT 793/194.

[53] Agravo de Iinstrumento nº 70004070587, julgado em 29.05.2002 (7ª Câmara Cível).

AÇÃO DE ALIMENTOS

Contudo, não tem havido discussão quanto à plena possibilidade de transação atinente a alimentos que deveriam ter sido pagos e não o foram, ou seja, transação em torno de um crédito resultante de alimentos em atraso. Da mesma forma, não há qualquer dúvida de que pode suceder transação no respeitante ao valor dos alimentos, forma e época de pagamento e temas correlatos. Divergência existe é quanto à legitimidade de transação sobre alimentos futuros; exemplo: Pontes de Miranda e Borges Carneiro não a aceitam, ao contrário de Sérgio Gilberto Porto.[54] Tenho como mais correta a opinião de Sérgio Gilberto Porto, que argumenta com o que seria uma "ingerência espúria do Estado na vida privada do indivíduo"; contudo, todo cuidado é pouco para quem paga os alimentos, pois já existe acórdão resolvendo que entrega de uma quantia de uma só vez, com quitação para o futuro, é transação inadmissível.[55]

2.4.8. Mutabilidade

A mutabilidade dos alimentos é elemento por demais conhecido. Encontra-se expressa no art. 1.699 do Código Civil. É dado singelo e que não exige considerações especiais. Entra aqui o famoso binômio recursos/necessidade, cuja variação autoriza as ações revisionais de alimentos.

2.4.9. Reciprocidade

A reciprocidade está no art. 1.696 do Código Civil. Aqui são interessantes certas precisões. Quanto aos alimentos entre os parentes, não há problema, salvo uma peculiaridade na relação entre pais e filhos, o que será depois enfocado. É diferente nos alimentos entre cônjuges, tanto que deles não trata o art. 1.696; neste caso, as regras são as dos arts. 1.702 e 1.704. Retornando aos alimentos entre pais e filhos, os juristas ensinam que não há reciprocidade entre eles durante o período de vigência do poder familiar, pois o pai deve sustentar o filho enquanto menor (e, segundo os tribunais, enquanto o filho estiver estudando em nível compatível com sua faixa etária); no entanto, tenho que esta asserção deve ser tomada em termos, sob pena de alguém pretender que um pai incapacitado de trabalhar não possa pedir alimentos para um filho menor que trabalhe e tenha boa remuneração, o que seria um absurdo; e mais: imagine-se um filho pequeno enriquecido por recebimento de uma doação ou de uma herança![56]

---

[54] Yussef Said Cahali. Ob. cit., p. 90 e 91, nota de rodapé nº 161.

[55] RT 402/151 (TJSP), conforme Cahali, em ob. cit., p. 90 e nota de rodapé 160.

[56] Nesta situação não tenho dúvida de que até um bebê terá de sustentar pai, mãe e irmãos menores, bastando que estes sejam pobres e passem necessidades, assim como, com maior razão ainda, quando pai e mãe são impossibilitados de prover a própria subsistência, por enfermidade.

2.4.10. Irrestituibilidade

A irrestituibilidade ou irrepetibilidade dos alimentos é característica bastante divulgada, mesmo entre leigos, que, por sinal, muito a temem quando são pagadores de alimentos (...). Cumpre que outra vez não se absolutize a característica. Circunstâncias especialíssimas podem levar a um resultado diverso, sob pena de clamorosa injustiça e falta de razoabilidade,[57] como, por exemplo, gritante enriquecimento indevido. Venosa refere casos como pagamento com evidente erro quanto à pessoa de credor ou de desconto errado, por excessivo, em folha de pagamento.[58] Yussef Said Cahali acata a restituição quando a mulher oculta dolosamente seu novo casamento, continuando a receber alimentos do ex-esposo.[59] Rolf Madaleno também reage contra o dogma da irrepetibilidade.[60]

2.4.11. Periodicidade

A periodicidade não oferece maiores dificuldades e se constitui em característica de conhecimento quase intuitivo, mesmo por parte dos que não lidam com o direito. Talvez mereça referência, como exceção, a hipótese de um tratamento médico ou de uma cirurgia de urgência, quando um valor maior deverá ser pago pelo alimentante de uma só vez, pois aí não se trata de um gasto normal, mas sim de uma despesa extraordinária, o que pode afetar a característica da periodicidade.

2.4.12. Irretroatividade

A irretroatividade significa que não podem ser exigidos alimentos correspondentes a período anterior à propositura da ação de conhecimento (ação de alimentos). Seria um despropósito, se, exemplificativamente, um cidadão com 50 anos de idade, que nunca solicitou alimentos judicialmente para o irmão, quisesse, ao demandar neste sentido, que o dito irmão pagasse alimentos desde que o autor da ação tinha 20 anos! Alimentos se destinam – como tantas vezes afirmado aqui – a assegurar a vida e a vida com dignidade, mas não obter pagamentos referentes a um passado em que não foram reclamados, presumidamente porque não necessários.

2.4.13. Não-solidariedade e solidariedade

A segunda parte do art. 1.698 contém importante aspecto inovador do Código de 2002: intentada a ação de alimentos contra um dos obrigados aos

---

[57] Volto a dizer que me refiro à lógica do razoável, de Luis Racasens Siches.

[58] Ob. cit., p. 365. Quanto à restituição do que foi pago por desconto errado em folha de pagamento, cita acórdão do TJSP.

[59] Ob. cit., p. 106.

[60] *Direito de família: aspectos polêmicos.* Porto Alegre: Livraria do Advogado, 1998, p. 47 a 61.

AÇÃO DE ALIMENTOS

alimentos, este poderá chamar para integrar a lide os demais coobrigados. Assim, por exemplo, acionado um dos avós, este pode chamar os demais avós do alimentando para o processo.

Critica-se esta norma por provocar grande demora na tramitação da ação alimentar, na medida em que pode enchê-la de réus. Porém, o prejuízo ao autor não é tão intenso, pois óbvio que os alimentos provisórios continuarão sendo fixados de imediato; só ao contestar é que o réu pedirá o chamamento dos demais obrigados para integrar a lide.

A obrigação alimentar sempre foi tida como não sendo solidária, mas sim conjunta,[61] com o que é divisível. A ação de alimentos pode ser intentada contra um ou contra todos os coobrigados, em litisconsórcio passivo facultativo (o litisconsórcio não era e continua não sendo necessário[62]). É caso típico de obrigação conjunta (não solidária). Os doutrinadores têm identificado, no chamamento para integrar a lide do art. 1.698, uma modalidade de intervenção de terceiros, ainda não prevista no sistema brasileiro, que enseja formação posterior de litisconsórcio passivo.[63] Registre-se que surgiu posição no sentido de que a inovação seria em benefício do autor, e este é que poderia, depois da contestação, requerer a formação do litisconsórcio.[64]

Grandes discussões e tumultos surgirão em face do art. 12 do Estatuto do Idoso (Lei nº 10.741, de 1º.10.03), que, em favor dos idosos, impôs que a obrigação alimentar é solidária. Esta solidariedade contraria tudo o que até hoje se entendeu, ou seja, que a obrigação alimentar não é solidária.[65] Penso que não há necessidade desta solidariedade, pois o tradicional binômio recursos-necessidade tudo resolve: mesmo sem solidariedade, sempre se de-

---

[61] A regra, conhecidíssima, é a de que a solidariedade não se presume: resulta da lei ou da vontade das partes (art. 265 do Código Civil). Ora, não havia lei que afirmasse o caráter solidário da obrigação alimentar. Disse "não havia", pois hoje, absurdamente, O Estatuto do Idoso (Lei nº 10.741, de 1º.10.2003), em seu art. 12, põe como solidária a obrigação alimentar!! Inovação inútil, pois de nada adianta a solidariedade se a pessoa escolhida para prestar os alimentos não tiver condições financeiras de arcar com a totalidade do que necessita o alimentado! A esdrúxula mudança mereceu severa crítica do TJRGS: RJTJRS 228/336 (foi dito que se trata de norma totalmente equivocada e à parte do sistema jurídico nacional).

[62] Acórdão do STJ, que me parece totalmente equivocado, entendeu que o art. 1.698 estabelece litisconsórcio obrigatório simples: Resp 50.153-RJ. Caminho correto, neste particular, ainda que não em outro, conforme depois falarei, foi seguido pelo mesmo Tribunal no REsp 775.565-SP.

[63] a) *O novo código civil: livro IV do direito de família* / Andréa Rodrigues Amin(...) [*et al.*]; coord. Maria Daltro Leite. Rio de Janeiro: Freitas Bastos, 2002. Artigo de autoria de Nelcy Pereira Lessa, sob o título Dos alimentos, p. 394 a 396. b) Zeno Veloso. *Código Civil comentado: direito de família, alimentos, bem de família, união estável, tutela e curatela: arts. 1.694 a 1.783, vol. XVII.* Coordenador Álvaro Villaça Azevedo. São Paulo: Atlas, 2003, p. 31 e 32.

[64] Temas atuais de direito e processo de família – primeira série. Vários autores, sob a organização de Cristiano Chaves de Farias. Rio de Janeiro: Lumen Júris, 2004. Artigo de Fredie Didier Jr., sob o título A nova intervenção de terceiros na ação de alimentos (art. 1.698 do CC-2002), p. 437 a 442.

[65] Reafirmando o caráter não-soldário da obrigação alimentar: Resp 658.139-ES, julgado em 11.10.2005, pela 4ª Turma, sendo Relator o Ministro Fernando Gonçalves.

cidiu que, acionado alguém que tivesse os recursos suficientes, pagaria *tudo* que necessitasse o autor da ação de alimentos! O STJ (REsp 775.565-SP) encontrou um sentido positivo para o artigo 12 referido: afastaria, quando idosos pedissem alimentos, o chamamento para integrar a lide, previsto no art. 1.698, segunda parte; assim, por exemplo, se o pai aciona um filho, este não pode trazer os demais filhos do autor para o processo, o que facilitaria o andamento da ação alimentar. Porém, o erro gravíssimo do STJ foi de interpretação sistemática: não poderia aplicar a solidariedade apenas em favor dos idosos. Desde quando os idosos precisam mais de alimentos do que uma criança ou do que um homem de trinta anos completamente incapacitado para o trabalho? É uma contradição valorativa insuportável para o sistema jurídico. Digo mais: se aceita a solidariedade da obrigação alimentar, terá de sê-lo para todos quantos necessitarem de alimentos; se não se chegar a tanto, que, pelo menos, repito e insisto, se a aplique para todos os casos de grave necessidade. Além do erro apontado, o STJ cometeu outro: não se deu conta de que, se é solidária a obrigação em favor dos idosos, incide o art. 77, inciso III, do CPC (chamamento ao processo), ou seja, de qualquer forma teriam de vir aos autos todos os coobrigados pelos alimentos!

2.5. QUEM PODE RECLAMAR ALIMENTOS DE QUEM?

O art. 1.694 do Código Civil, em seu *caput*, responde a esta pergunta: parentes,[66] cônjuges e companheiros.

2.5.1. Parentesco

Um esclarecimento fundamental deve ser feito: apenas se refere a lei ao parentesco consangüíneo, e não à afinidade; este informe se faz necessário porque o atual Código Civil resolveu considerar os afins como parentes: art. 1.595, § 1°; no entanto, a leitura dos artigos 1.696 e 1.697 do Código Civil não deixa dúvidas de que a palavra "parentes", no art. 1.694, é atinente apenas aos parentes consangüíneos. Única opinião doutrinária em contrário que conheço, no sentido de estender os alimentos aos afins, é de Maria Berenice Dias,[67] que se fixa no argumento de a lei falar em "parentes"; no entanto, note-se que já surgiu acórdão do TJMG com esta compreensão.[68] Divirjo, pois os artigos mencionados (interpretação sistemática) deixam

---

[66] Depois veremos que se estão aceitando alimentos no parentesco denominado de socioafetivo.

[67] *Manual de direito das famílias*. 3ª ed. São Paulo: Revista dos Tribunais, 2006, p. 426 e 427.

[68] Apelação cível n° 1.0024.04.533394-5/001, julgada em 20.10.2005, sendo Relator o Des. Moreira Diniz. Fonte: Boletim IBDFAM, n° 43, março/abril 2007, p. 11.

muito claro que o parentesco, para fins alimentares, é apenas o consangüíneo. O art. 1.696 fala em pais e filhos; o art. 1.697 faz referência aos irmãos; ambos os artigos aludem a ascendentes e descendentes; é toda uma terminologia que nada tem a ver com o parentesco por afinidade. Em nenhum momento a lei cogita de sogro, nora, sogra, genro, cunhado, padrasto, enteado. A aludida opinião até pode radicar em apreciáveis ponderações de solidariedade social, mas, para prevalecer, a lei terá de ser mudada.

No parentesco em linha reta, não há limites para a extensão da obrigação alimentar, como mostram os arts. 1.696 e 1.697. Na linha colateral, termina a obrigação no segundo grau, ou seja, os irmãos: art. 1.697. Outra vez, a posição diferenciada é de Maria Berenice,[69] que defende obrigação alimentar até o grau de parentesco, em linha colateral, em que há direito de herdar, isto é, o quarto grau. Também discordo, não apenas em face do texto legal (no sistema de direito ocidental só há alimentos quando a lei é explícita a respeito), mas porque a comparação com a herança não é justa: parentes de quarto grau raramente herdam, ao passo que a possibilidade de arcar com alimentos em relação a eles é bem mais provável; o ser humano iria trabalhar somente para sustentar toda a parentalha.[70]

Sobre alimentos, principalmente entre pais e filhos, talvez seja adequado saber como hoje é tratada a antiga dúvida sobre se cabe ou não ação de prestação de contas, promovida pelo genitor que não detém a guarda em relação ao que a detém e recebe os alimentos para o sustento dos filhos. Prevalecia antes pensamento pela negativa, mas a redação do art. 15 da Lei nº 6.515/77 ("fiscalizar sua manutenção e educação") e a do art. 1.589 do Código Civil (no mesmo sentido), modificaram o quadro e hoje a tendência é acatar aquela ação, desde que os alimentos não abranjam também o genitor que detém a guarda e desde que a ação não vise à restituição dos alimentos.[71]

É importante observar que um acórdão surpreendente decidiu que o genitor que não cumpriu com os deveres inerentes ao poder familiar não pode pedir alimentos. Ao que sei, é acórdão pioneiro no país (Apelação Cível nº 70013502331, julgada pela 7ª Câmara Cível do TJRS) e contraria as regras até hoje vigentes. Mesmo quem não foi um bom pai, nem por

---

[69] Ob. cit., p. 425 e 426.

[70] Sempre digo que a busca do justo deve ser preocupação incessante do intérprete e aplicador do direito. Remeto ao que disse a respeito em: *Estudos de direito de família.* Porto Alegre: Livraria do Advogado, 2004, p. 11 a 33. Todavia, por mais que se esforce o intérprete, há limites na busca do justo, pelo menos quando não se estiver diante de situações extremas. O sistema jurídico tem algo a ver com um elástico: pode ser muito e muito estendido, mas não a ponto de fazê-lo romper. Gosto de citar um exemplo: não tenho a menor dúvida de que não é justo entregar uma herança milionária para filhos já ricos; pergunto: algum juiz brasileiro fez isto alguma vez? Nunca o fiz. Os magistrados alternativos não o fizeram. Se alguém fizesse, não seria reputado seguidor do direito alternativo, mas sim indicado para internação psiquiátrica. No entanto, continuo achando justo que aquele dinheiro fosse, por exemplo, empregado na construção de escolas e hospitais.

[71] Yussef Said Cahali, *Dos Alimentos* cit., 5ª ed., 2006, p.388 e 389.

isto perdia a possibilidade de solicitar alimentos aos filhos, quando velho e incapacitado para o trabalho, se não tivesse renda. O acórdão entendeu que, se o pai não foi solidário com o filho, não poderá, depois, dele exigir solidariedade. Discordo frontalmente. Detenho-me no tema, apesar de ainda ser caso isolado, em face da importância do Tribunal e porque considero precedente muito perigoso. Este entendimento é um retrocesso, pois consagra a pena de talião: o olho por olho. Prestigia a vingança, no caso uma vingança jurídica. E mais: despreza totalmente a idéia de prescrição. O crime de homicídio prescreve, como prescreve o crime de abandono material. Eis que se, por exemplo, o pai necessita dos alimentos quarenta anos depois de ter abandonado o filho, será punido com a negativa de uma quantia que lhe permita sobreviver ou viver com dignidade! É uma condenação perpétua!

Pode o nascituro pedir alimentos, investigando a paternidade, se necessário? Respondo afirmativamente. Em contrário, temos, por exemplo, Yussef Said Cahali,[72] que não acha possíveis os alimentos porque a personalidade civil da pessoa começa do nascimento com vida (art. 2º do Cód. Civil). Entre os que aceitam alimentos, cito Paulo Nader[73] e Silmara J. A. Chinelato e Almeida.[74] Argumentos a favor dos alimentos para o nascituro: 1º) O nascituro pode receber doação: art. 542; 2º) o nascituro pode ser reconhecido: art. 1.609, parágrafo único; 3º) o nascituro pode receber herança: art. 1.798; 4º) o nascituro pode ajuizar ação de investigação de paternidade e de alimentos;[75] 5º) a primeira parte do art. 2º do Código Civil não pode ser tomada isoladamente, com desconsideração da segunda parte; de que adiantaria pôr a salvo, desde a concepção, os direitos do nascituro, se, não se permitindo alimentos, pudesse se provocar sua morte por inanição no ventre materno ou que nascesse com retardamento mental, em face da desnutrição?! 6º) não é razoável que a dignidade humana não atinja os nascituros, como se não fossem seres humanos.

Quanto ao problema da responsabilidade alimentar dos avós, interessante firmar que a primeira parte do art. 1.698 deixa claro que a obrigação alimentar deles é sucessiva e complementar, operando quando demonstrada a insuficiência de recursos de *ambos* os genitores. Assim foi resolvido, corretamente, pelo STJ: REsp nº 804.150-DF, Relator Ministro Jorge Scartezzini, DJ 22.05.2006 (Fonte: Boletim IBDFAM nº 39, de julho/agosto 2006, p. 11). Por outro lado, os avós não são obrigados a dar ao neto o padrão de vida deles avós. O meu enfoque se deve a que alguns, com toda a vênia de forma equivocada, querem transformar a obrigação dos avós em obrigação do mesmo nível daquela dos pais, na medida em que sustentam que basta, por exemplo, o pai não poder pagar para que se desloque a obri-

---

[72] Ob. cit., p. 354 a 361.

[73] *Curso de direito civil, v. 5: direito de família.* Rio de Janeiro: Forense, 2006, p. 552 e 553.

[74] *Tutela civil do nascituro.* São Paulo: Saraiva, 2000, p. 217 a 225.

[75] RJTJRS 104/418. *Revista de Direito Civil,* 68/181.

gação para os avós, mesmo que a mãe tenha condições de pagar alimentos; esta a posição de Maria Berenice Dias: *Manual de direito das famílias*. 3ª ed. São Paulo: Revista dos Tribunais, 2006, p. 423 e 424. Também almejam que os avós garantam aos netos seu próprio padrão de vida (deles avós). O TJRS, por suas duas câmaras de Família, vem resolvendo pela forma que reputo mais certa: a) Apelação Cível nº 70017624149, julgada em 07.12.2006, sendo Relator o Des. Luiz Ari Azambuja Ramos; b) apelação cível nº 70016947947, julgada em 29.11.2006, sendo Relator o Des. Sérgio Fernando de Vasconcellos Chaves; c) Apelação Cível nº 70016492225, julgada em 29.11.2006, sendo Relator o Des. Luiz Felipe Brasil Santos (neste acórdão se resolveu também que os netos não têm o direito de desfrutar o padrão de vida dos avós).

Importante apontar o Enunciado nº 341 da IV Jornada de Direito Civil, realizada pelo Centro de Estudos Judiciários do Conselho da Justiça Federal (outubro de 2006): "Art. 1.696. Para os fins do art. 1.696, a relação socioafetiva pode ser elemento gerador de obrigação alimentar".[76] Sobre a socioafetividade, reporto-me ao que expus em outro livro de minha autoria.[77] A propósito de socioafetividade, importante acórdão foi lançado pela 8ª Câmara Cível do TJRS, quando se rejeitou, por maioria, que filho registral e socioafetivo pudesse solicitar alimentos também para o pai biológico;[78] penso que está corretíssimo o acórdão, com a vênia do voto vencido, pois, afinal, prestigia-se ou não o critério socioafetivo?! É ou não é um critério determinador da paternidade/maternidade?! Se acatada a socioafetividade, não há como manter vínculo biológico a ponto de conceder alimentos. Isto significaria a gradativa destruição da socioafetividade. Ademais, teríamos a esdrúxula situação de poder o filho pedir alimentos para dois pais. Iria também herdar de dois pais?!

Assinalo que hoje, em face do art. 1.694, § 2º, do Código Civil, a culpa também tem influência nos alimentos entre parentes. Este tema será estudado posteriormente, por sua peculiaridade e porque também se aplica aos cônjuges e companheiros.

2.5.2. Cônjuges e companheiros

2.5.2.1. Os alimentos, a separação judicial litigiosa remédio e o divórcio direto

É outro assunto de grande repercussão prática. Trata-se de saber quem é o responsável pelos alimentos na separação judicial litigiosa remédio e no divórcio direto.

---

[76] Em anexo a este livro estão os enunciados.

[77] *Direito de família, ob. cit.,.*2007, p. 81 a 87.

[78] Apelação Cível nº 70017530965, julgada em 28/06/07, relator o Des. José S. Trindade.

O novo Código Civil não foi feliz no regramento. Não é fácil perceber onde está resolvida a questão nos arts. 1.694 a 1.710. Sem falar que, no pertinente ao divórcio, a lei é mesmo omissa.

Como todos sabem, enorme polêmica cercava a matéria, e a orientação dominante no Brasil (não no Rio Grande do Sul) era a de sustentar que, na separação judicial litigiosa remédio (assim como no divórcio direto), a responsabilidade alimentar em tese, em abstrato, resultava do fato de ter requerido a separação em juízo. O autor da separação judicial ficava, apenas porque autor, com a responsabilidade alimentar, e pagaria ou não, dependendo da necessidade do réu (obviamente também dos recursos do autor). Argumentos técnicos vários e sólidos não faltavam para apoiar a interpretação majoritária no país, apesar das injustiças que poderiam surgir em casos concretos; não reproduzirei aqueles argumentos porque ultrapassados, como mostrarei a seguir. O TJRS não acatava esta visão, como afirmei, em função da injustiças que poderiam advir: suponha-se que o autor fosse pobre, doente e de boa conduta, pela moral média, ao passo que o réu fosse rico, sadio e de péssima conduta; ora, eis que ficaria o pobre, doente e de boa conduta com a obrigação alimentar em tese, em abstrato, só não pagando porque o réu não necessitaria, além do que ficaria impossibilitado de pedir alimentos.

Não mais é assim. Pelo art. 1.704, importa exclusivamente observar o critério de necessidade (esta era a orientação gaúcha). O problema para mim residiu em perceber que a responsabilidade alimentar na separação judicial litigiosa remédio estava prevista no art. 1.704, *caput*, pois sua redação não é explícita a respeito. Tanto é que hesitei na análise e convenci-me da real vontade da lei ao ler a obra coordenada por Ricardo Fiúza,[79] quando é afirmado, com todas as letras, que o art. 1.704 quis evitar a falha grave, provocada pelo art. 19 da Lei nº 6.515/77, o qual "apenava com a perda do direito a alimentos o cônjuge que tomava a iniciativa da ação de separação 'ruptura', independentemente da apuração da culpa".

Desta forma, pelo novo Código Civil, o cônjuge que solicita a separação judicial litigiosa remédio não fica mais responsável pelos alimentos e poderá até obtê-los se estiver necessitado. Sem dúvida, é posição muito mais justa, pois impede que autores pobres e doentes (impossibilitados de trabalhar para o sustento), por exemplo, não possam solicitar alimentos para demandados ricos; o exemplo poderia ser piorado se imaginarmos que o acionante era a pessoa tida, pela moral média, como de boa conduta, sendo o réu de péssimo comportamento.[80]

---

[79] *Novo Código Civil comentado*, coordenador Ricardo Fiuza. São Paulo: Saraiva, 2002, p. 1.513.

[80] É verdade que vem sendo combatida a idéia de culpa, cada vez mais repelida pelo Tribunal de Justiça do R. G. do Sul, mas, de qualquer forma, o exemplo ainda pode ser utilizado didaticamente, até porque no restante do território nacional prosseguem prevalecendo as decisões fundadas na culpa, que conta também com o apoio de grande parte da doutrina.

Quanto ao divórcio direto, por elementar analogia, a solução é a mesma, na omissão da lei, segundo penso, ou seja, não mais importará quem requereu o divórcio, mas sim verificar quem necessita dos alimentos. Esta solução era a propugnada por Yussef Said Cahali para o sistema anterior e foi majoritária na doutrina; é que a Lei 6.515/77 também era omissa no tocante à responsabilidade alimentar no divórcio. Seguindo o mesmo critério de Yussef, digo que hoje se faça analogia com a solução posta para a separação judicial litigiosa remédio pelo atual sistema legal. Aqui, no entanto, a dificuldade é bem maior, pois há divergência. E divergência séria, pois em tema de grande relevância. A divergência surge porque alguns pensam que, após o divórcio, não é mais possível pedir alimentos, pois o divórcio termina com qualquer vínculo entre os ex-cônjuges. De minha parte, não vejo como terminantemente excluir alimentos para o divorciado, só porque não os obteve antes da decretação do divórcio. Os que pensam diferentemente alegam que, findo o casamento, não há mais título para postular os alimentos.[81] Esta tendência tende a prevalecer no TJRS.[82]

Para mim, a razão estava com Yussef Said Cahali,[83] quando afirmava que a dissolução do vínculo matrimonial, pelo divórcio, não operava a extinção de pleno direito do dever de mútua assistência; dizia ele que o novo Código Civil é expresso ao enumerar as causas que fazem cessar o dever de alimentar, como se vê no art. 1.708; ora, entre elas não está o divórcio. Hoje, ao que tudo indica, Yussef alterou sua posição, infelizmente.[84] Anoto que Arnaldo Rizzardo também não aceita que o divórcio impeça postular alimentos.[85] Insisto em que o término do casamento, por si só, não pode extinguir o dever alimentar, de forma absoluta (ainda que os pedidos devam ser examinados com rigorismo), pois que, afinal, ele existiu, talvez por muitos e muitos anos, criando situação de solidariedade familiar que não pode ser desprezada por seu término. O só-fato da extinção de uma relação jurídica não elimina a possibilidade de exigência de direitos que dela decorreram ou decorrem; é o que sucede na extinção de qualquer contrato de direito obrigacional; não há por que ser diverso em assunto de muito maior importância humana e social, como é o caso dos alimentos. Trinta, quaren-

---

[81] Assim pensa Francisco José Cahali: *Alimentos no código civil*. Obra coletiva coordenada pelo mesmo e por Rodrigo da Cunha Pereira. São Paulo: Saraiva, 2005, p. 270. Da mesma forma, a lição de Luiz Felipe Brasil Santos: *apud* Carlos Roberto Gonçalves, em ob. cit., p. 466.

[82] Apelação cível nº 70016710220, julgada pela 7ª Câmara Cível em 29.11.2006; unânime. Apelação cível nº 70016413122, julgada pela mesma Câmara em 06.09.2006; por maioria. Apelação cível nº 70015978885, julgada pela 7ª Câmara Cível em 23.08.2006; unânime. Foi Relator, nos três julgamentos anteriores, o Des. Luiz Felipe Brasil Santos. Agravo de instrumento nº 70015885650, julgado pela 7ª Câmara Cível em 18.08.2006; por maioria; Relator: Des. Sérgio Fernando de Vasconcellos Chaves.

[83] *Dos alimentos*. 4ª ed. São Paulo: Revista dos Tribunais, 2002, p. 466 e 467. Como se vê, divergem pai e filho.

[84] Ob. cit., 5ª ed., 2006, p. 304 a 306.

[85] *Direito de família:* Lei nº 10.406, de 10.01.2002. Rio de Janeiro: Forense, 2004, p. 783.

ta, cinqüenta anos de casamento não podem ser reduzidos à eficácia zero, apenas porque foi decretado um divórcio.

Acho sério equívoco absolutizar a asserção de que, após decretado o divórcio, não mais é lícito pedir alimentos. Vou exemplificar. Mulher com setenta anos de idade, que nunca trabalhou e nem o marido permitiu que trabalhasse (educação antiga), é por ele abandonada, e, passados dois anos, ingressa o marido com ação de divórcio direto. O advogado da mulher esquece de pedir alimentos para a sua cliente antes da decretação do divórcio. Irá esta mulher mendigar?! Deve haver é rigorismo na apreciação de tais pedidos, ainda mais que é imprescritível o direito a alimentos, mas não partir para a solução de pura e simplesmente considerar, aprioristicamente, a mulher parte ilegítima, decidindo pela carência de ação.

2.5.2.2. *A influência da culpa nos alimentos entre cônjuges e na união estável*

Em termos nacionais, a doutrina e a jurisprudência, largamente dominantes, continuam a trabalhar com a culpa, tanto para a separação judicial como para a ruptura da união estável, inclusive para efeitos alimentares. Seria difícil que fosse de outra maneira, pois o novo Código Civil prossegue prevendo a culpa, tanto como causa de separação judicial litigiosa sanção (art. 1.572, *caput*), como em termos de fator capaz de provocar redução dos alimentos (arts. 1.694, § 2º,[86] e 1.704, parágrafo único), e ainda como determinante da perda do direito de usar o nome (art. 1.578, *caput*). Note-se que a culpa também é relevante para os que admitem indenização por dano moral em direito de família, para aspectos que só podem ocorrer entre cônjuges e companheiros.[87] A culpa não mais atua é no equacionamento da guarda dos filhos (arts. 1.583 a 1.590) e para provocar a pura e simples perda dos alimentos.

O Tribunal de Justiça do Rio Grande do Sul vem reagindo contra esta linha preponderante de pensamento, em julgamentos que afastam a cogitação de culpa por inconstitucionalidade (fere o resguardo da dignidade humana), ou, pelo menos, elidem sua discussão, em casos concretos, tanto quanto possível.[88] Mais recentemente, magistrados vêm acatando ação de separação judicial com base apenas na alegação de desamor e de impossibilidade de vida em comum (esta última expressão consta no art. 1.573, parágrafo único, do Código Civil). Esta orientação tem sólido fundamento, pois se alicerça em dados psicológicos, que evidenciam a reciprocidade

---

[86] A culpa prevista neste § 2º, que é novidade no direito brasileiro, será estudada posteriormente, em separado.

[87] Sou contra esta espécie de pedido de indenização: *Estudos de direito de família*. Porto Alegre: Livraria do Advogado, 2004, p. 79 a 92.

[88] RJTJRS 195/366, 201/364, 208/349, 208/371, apelação cível 70002183259.

da culpa, e morais, que visam a resguardar os cônjuges das desvantagens de uma separação judicial litigiosa com pesquisa de culpa, assim como na constatação de que o desamor deve acarretar o fim da sociedade conjugal, o que combina com o fato de a revalorização do aspecto afetivo ser uma das características principais do direito de família moderno.[89]

Com toda a vênia, ainda não me convenci do argumento de inconstitucionalidade, não me parecendo razoável não possa o legislador sequer prever separação com culpa. E sinto-me à vontade para manifestar esta posição, visto que sou a favor da eliminação da culpa. Apenas vejo que o direito brasileiro insiste em mantê-la na lei federal e cumpre ao intérprete e aplicador acatar esta opção legislativa. Acho forçada a construção pela inconstitucionalidade. Não só forçada em si própria, como também duvidosa pela circunstância de que também integraria o conceito de dignidade humana, na elasticidade que a corrente contrária está querendo lhe atribuir, o direito moral da parte que se sente ofendida de demonstrar que não foi ela a culpada pela destruição do casamento[90] (dentro das noções correntes de moral média, as quais, gostemos ou não, queiramos ou não, ainda impregnam as valorações do povo). A lei federal não está obrigando ninguém a seguir o caminho tortuoso e difícil da separação sanção! Por isto é também difícil atinar com inconstitucionalidade porque estivesse sendo desrespeitada a dignidade humana. Pode o interessado, não alcançada a forma ideal, que é a separação judicial amigável (ou o divórcio amigável), valer-se da separação judicial remédio ou, passados dois anos de separação fática, do divórcio direto litigioso. Não faltam caminhos legislativos para evitar a separação judicial litigiosa sanção. Por outro lado, é excessivo simplesmente proibir o uso desta última modalidade, pois que, como salientei, podem suceder motivos morais consideráveis para que assim seja, isto sem falar dos motivos jurídicos (quantitativo dos alimentos, uso do sobrenome). Além disto, forçoso reconhecer que, dentro de uma concepção tridimensional do direito (fato – valor – norma, consoante Miguel Reale), a realidade social e valorativa do povo, em grande parte, mostra o apego à indagação sobre o responsável pela ruptura; não seria exato, portanto, dizer que o legislador

---

[89] O Superior Tribunal de Justiça, sendo Relator o Ministro Ruy Rosado de Aguiar, proferiu julgamento em que prestigia as decisões gaúchas, decretando separação judicial mesmo sem prova de culpa, quando esta fora alegada em ação e reconvenção. Trata-se do RESP 467.184-SP, julgado em 05 de dezembro de 2002, encontrável em Revista Brasileira de Direito de Família, Síntese, IBDFAM, Porto Alegre, jan-fev-mar 2003, p. 87. O Ministro-Relator chegou a adiantar opinião sobre o novo Código Civil, afirmando que o art. 1.573, parágrafo único, permite separação judicial com amplitude, mesmo sem conduta reprovável do cônjuge, bastando a impossibilidade da vida em comum. Seria, a meu ver, a aceitação da mera incompatibilidade de gênios, por exemplo. Segundo ele, seria uma nova modalidade de separação remédio, o que alteraria até mesmo a classificação das formas de separação feita pela doutrina dominante.

[90] Em várias regiões do país, é questão de honra para toda a família de um dos cônjuges que fique claro não foi este quem deu causa à separação judicial!

impôs uma solução alheia às expectativas da população.[91] A idéia de culpa, em geral, está presente nas apreciações populares sobre todos os assuntos controversos, desde o acidente de trânsito com danos puramente materiais; com muito maior motivo na gravidade dos conflitos erótico-afetivos.

O mesmo debate sobre a influência da culpa entre cônjuges existe no campo da união estável. A posição minoritária, no sistema precedente, argumentava que as Leis nº 8.971/94 e 9.278/96 não falavam em culpa, com o que esta estava excluída do campo da união estável. Era, por exemplo, a tese de Luis Alberto d´Azevedo Aurvalle.[92] A linha majoritária, sob a regência da Lei nº 8.971/94, se fixava no tratamento semelhante ao casamento, sendo inadmissível que este ficasse em posição inferior à união estável, o que aconteceria se somente nele a culpa fosse discutida; depois da Lei nº 9.278/96, aduziu mais o argumento de que a controvérsia nem mais teria sentido, por evidente que rescisão não existe sem culpa.[93] O novo Código Civil emprestou tratamento unificado aos alimentos, ou seja, nos arts. 1.694 a 1.710 versa sobre alimentos para parentes, cônjuges e companheiros. Ali é que devem ser encontradas as regras que regulam os alimentos na união estável, e não nos arts. 1.723 a 1.727. Na falta de explícita alusão à pesquisa de culpa na união estável, as divergências começaram outra vez a despontar. Luiz Felipe Brasil Santos[94] assevera que o art. 1.704 trata apenas da repercussão da culpa entre cônjuges, descabendo aplicá-la à união estável por analogia, pois se cogita de regra restritiva de direito. Culpa em termos de união estável, só na hipótese do art. 1.694, § 2º, que não tem a ver com culpa pela ruptura, mas sim com a culpa pela condição de necessidade. Francisco José Cahali discorda,[95] com base na analogia com o

---

[91] Sei que este argumento deve ser empregado com cautela, pois o povo, em sua maioria, provavelmente aprovaria a pena de morte. Eu continuaria sendo contrário a ela e sustentaria sua inaplicabilidade, mesmo constando na Constituição Federal! Porém, a grande diferença é que aí se trata de matar alguém e não de somente estar uma lei federal a prever a possibilidade de uma separação judicial com alegação de culpa, entre outros caminhos legais para a ruptura da sociedade conjugal ou do casamento. É preciso ter em mente a proporcionalidade entre os valores envolvidos, sob pena tudo ser inconstitucional, conforme a posição interpretativa de cada um, o que resultaria no perigo de nada ser inconstitucional! (...) O linguajar amplo e aberto do texto constitucional, principalmente de seus primeiros artigos, enseja uma amplitude infinita das alegações de inconstitucionalidade.

[92] Alimentos e Culpa na União Estável, artigo publicado em *Revista AJURIS*, Porto Alegre, novembro de 1996, vol. 68, pág.166.

[93] Yussef Said Cahali. *Dos Alimentos*. 4ª ed. São Paulo: Revista dos Tribunais, 2003, p. 230. Cita Cahali opiniões de dois dos melhores autores sobre união estável: Álvaro Villaça Azevedo e Rainer Czajkowski. Sob a égide do novo Código, Yussef Said Cahali mantém sua opinião de que a culpa precisa ser discutida na ruptura da união estável, para não ficar esta em posição superior ao casamento: mesma obra, 5ª ed., 2006, p. 163. Outro notável analista da união estável se mostra igualmente favorável à discussão da culpa: Guilherme Calmon Nogueira da Gama. O Companheirismo – Uma Espécie de Família. São Paulo: Revista dos Tribunais, 1998, p. 367 e 368.

[94] A União Estável no Novo Código Civil, artigo publicado em *http://www.espacovital.com.br*, em 20.02.2003.

[95] Dos Alimentos, artigo publicado em obra de vários autores, sob o título *O Direito de Família e o Novo Código Civil*, coordenada por Maria Berenice Dias e Rodrigo da Cunha Pereira, Del Rey-IB-DFAM, Belo Horizonte, 2001, p. 191.

casamento. Fico com a corrente a que antes já aderia, de aplicação analógica das regras do casamento. Por mais que se pretenda eliminar a culpa do direito brasileiro, não há como desobedecer ao direito positivo, criando uma contradição axiológica intolerável. O tratamento para os alimentos foi unificado no novo Código Civil, e, no Subtítulo correspondente (Subtítulo III do Título II, Livro IV), por mais que não agrade, a culpa impregna repetidamente o regramento da matéria alimentar. Para dela fugir, só mesmo com o argumento da inconstitucionalidade, contra o qual já me manifestei antes. Lutemos para retirar a culpa do Código Civil, mas, enquanto nele permanecer, difícil com ela não conviver. Claus-Wilhelm Canaris[96] define o sistema jurídico como "ordem axiológica ou teleológica de princípios jurídicos gerais". Há uma ordenação valorativa sistêmica, o que obriga o intérprete a zelar pela harmonia axiológica e evitar incoerências entre os valores envolvidos. Seria contradição valorativa inadmissível tratar a união estável melhor do que o casamento, o que aconteceria se neste se discutisse a culpa, e naquela não. Este raciocínio que impede a contradição valorativa é, hermeneuticamente, mais relevante do que a máxima que busca impedir aplicação analógica de normas ditas restritivas. E mais: na verdade o enfoque correto não consiste em vislumbrar uma aplicação analógica de norma restritiva, mas, bem ao contrário, de prestigiar a união estável, situando-a em nível igual ao casamento, tanto quanto possível. Isto sem falar que, para a maioria (de minha parte não concordo), o casamento está até posto, em hierarquização axiológica constitucional, acima da união estável, pois o art. 226, §3º, da Constituição Federal, expressa que a lei deve facilitar a conversão da união estável em casamento. A interpretação a que adiro foi muito bem defendida por Belmiro Pedro Welter, em livro escrito antes do novo Código Civil, mas cujos argumentos cabem agora perfeitamente.[97] Em conclusão: não há como afastar a discussão de culpa no debate alimentar entre companheiros, ainda que, segundo a sistemática do novo Código Civil, não para eliminar os alimentos, mas somente para fins de aferição do seu quantitativo. Óbvio, contudo, que para quem pensa diversamente, afastando a culpa da união estável, fica esta em posição superior ao casamento.

Pelo sistema em vigor, de qualquer forma, a culpa não mais produz o desaparecimento dos alimentos no momento da separação judicial ou da ruptura da união estável, como acontecia no direito anterior. Ela apenas influi no quantitativo dos alimentos.

O art. 1.704, parágrafo único, do Código Civil situa o cônjuge culpado como podendo pleitear alimentos, só que os restringindo ao "indispensável à sobrevivência", expressão que traduzo como alimentos indispensáveis a uma vida com dignidade. Note-se que o mesmo parágrafo único impõe ou-

---

[96] *Pensamento Sistemático e Conceito de Sistema na Ciência do Direito.* Lisboa: Fundação Calouste Gulbenkian, 1989, p. 280.

[97] *Alimentos na União Estável.* 2ª ed. Porto Alegre: Síntese, 1998, p. 76 a 84. Ótimo resumo argumentativo na p. 80.

tras condições para o recebimento dos alimentos: ausência de parentes em condições de prestá-los (assunto a ser depois estudado) e falta de aptidão para o trabalho.

Causa perplexidade saber como discutir a culpa, para fins alimentares, se existe forte movimento jurisprudencial, como já se viu, no sentido de afastar a discussão da mesma. A mesma dúvida para a repercussão da culpa sobre os apelidos (art. 1.578). Por último, para a terceira conseqüência da culpa, que é a questão da indenização por dano moral.[98] Sob pena de absoluta marginalização do Código Civil, os que se opõem à culpa podem ser forçados a admitir debate a respeito, pelos menos para aqueles fins. Por isto, Carlos Roberto Gonçalves[99] assinala que "os juízes, no entanto, por economia processual, têm admitido a discussão sobre a culpa nas ações de divórcio direto, mas para os efeitos de perda do direito a alimentos[100] ou da conservação do sobrenome do ex-cônjuge, e não para a decretação do divórcio". O mesmo tratamento é de ser conferido à separação judicial sanção e na ruptura de união estável, nas quais a Justiça afaste a questão da culpa. Melhor esta solução, pelo menos, do que, proibida a discussão da culpa em sede de separação judicial, se venha, estranhamente, a permiti-la em ação de alimentos, demanda para a qual o juiz remetesse o debate em torno da culpa. Censurável é que vários acórdãos se prolonguem em afirmar que não mais se deve discutir a culpa, mas não revelem tecnicidade ao enfrentar o problema de saber como equacionar as seqüelas da culpa, ou seja, alimentos, uso de sobrenome e indenização por dano moral. Afinal, o Código Civil é expresso a respeito e não pode ser simplesmente ignorado, sem uma fundamentação profunda. Mais ainda quando prevaleceu a compreensão de que o Código Civil não é inconstitucional quando trabalha com a culpa. A trilha correta é manter sim a possibilidade de auferir a culpa quando se discutam temas como alimentos e uso de patronímico, como bem apontou o Des. Luiz Felipe Brasil Santos,[101] mesmo que exclusivamente para tais

---

[98] A) De minha parte, sou contra esta espécie de discussão de dano moral no campo da família, para temas essencialmente familiares (não é a posição dominante na doutrina, bem ao contrário; no entanto, os tribunais tendem a repelir aquela indenização, sendo de reconhecer, contudo, que o STJ já a aceitou; abordo estes informes em meu artigo doutrinário, a seguir noticiado). Remeto aos fundamentos que expendi em livro de minha autoria: Estudos de direito de família. Porto Alegre: Livraria do Advogado, 2004, p. 79 a 92. Por sinal, os que são a favor da indenização por dano moral, mas rejeitam a discussão da culpa, vêem-se em posição difícil de incoerência.

[99] *Direito civil brasileiro, vol. VI: direito de família*. São Paulo: Saraiva, 2005, p. 192.

[100] Parece indispensável, com toda a vênia, uma retificação sobre este trecho da manifestação do ilustre jurista: a culpa, agora, não produz a perda dos alimentos, mas sim influi sobre seu quantitativo. Feita esta correção, vale o pronunciamento de Gonçalves, só que para a apuração do valor dos alimentos. Não há confundir este tema com a perda dos alimentos por indignidade (art. 1.708, parágrafo único): a perda de alimentos (aí sim uma perda total) por indignidade do credor não deixa de envolver uma modalidade de conduta culposa, mas em momento posterior ao início do recebimento dos alimentos, ou seja, depois de dissolvida a sociedade conjugal ou depois da separação de fato. O debate sobre a culpa, que agora se faz, diz com a culpa configurada durante a constância do casamento.

[101] Agravo de Instrumento nº 70011020021, julgado pela 7ª Câmara Cível do TJRS em 04.05.2005.

fins, e não como base para decretar a separação judicial. Aliás, o Des. Luiz Felipe teve a cautela de viabilizar reconvenção em ação de divórcio, o que, ele próprio diz, em princípio não é cabível, somente para fins alimentares, a fim de evitar ação em separado (economia processual).[102]

O art. 1.704, parágrafo único, do Código Civil, traz relevante alteração no sistema brasileiro alimentar entre cônjuges, quando exige que o cônjuge culpado não tenha parentes em condições de prestar os alimentos. Esta modificação no sistema jurídico vai acarretar grandes discussões práticas. O problema está na criação de um requisito que, dependendo da interpretação, pode, por exemplo, inviabilizar a obtenção de alimentos provisórios. Imagine-se uma mulher separada judicialmente, sem aptidão para o trabalho e necessitada de alimentos, mas que tenha pai e mãe vivos, assim como dez irmãos; temos nada mais nada menos do que doze pessoas que poderiam ter condições de prestar alimentos! Precisará a mulher, para conseguir alimentos provisórios, desde logo comprovar que as doze pessoas não têm condições de prestá-los?! Afinal, o ônus da prova é de quem alega. Invocando o princípio interpretativo de que as exegeses, em tema alimentar, não devem tender a prejudicar os alimentos, concluo que não deva se reclamar tal prova para fins simplesmente de alimentos provisórios. Ninguém gosta de abrir sua vida econômico-financeira, com o que a mulher referida encontrará dificuldade enorme para a prova preliminar. Que pelo menos a exigência probatória seja deslocada para a instrução do processo, o que é interpretação razoável. Não duvido até – o que considero correto – que juízes passem o ônus probatório para o réu: 1º) por aplicação analógica da norma do Código do Consumidor que prevê não seja do autor aquele ônus, quando é hipossuficiente (interpretação sistemática, para manter a coerência axiológica do sistema jurídico); 2º) por considerarem o fato da existência de parentes em condições de prestar os alimentos como impeditivo (art. 333, inciso II, do Código de Processo Civil). De qualquer maneira, sem dúvida, os que precisam de alimentos, após a separação judicial, estão com uma dificuldade nova bastante acentuada: havendo parentes em condições de prestar os alimentos, contra eles deve ser dirigida a postulação. Ora, sabidamente é mais difícil juridicamente obter alimentos de um irmão, por exemplo, do que do ex-cônjuge! Diante disto, as interpretações devem ser prudentes e cautelosas, para não conferir ao dispositivo sob análise um efeito capaz de comprometer o sustento de alguém.

No item seguinte, examinarei outro caso de repercussão da culpa entre cônjuges: culpa provocadora de necessidade alimentar (art. 1.694, § 2º, do Código Civil). A abordagem em separado é porque aquela repercussão também abrange os parentes, o que é novidade no Brasil.

---

[102] Apelação cível nº 70015357924, julgada pela 7ª Câmara Cível do TJRS em 19.07.2006.

2.6. OUTROS TEMAS ALIMENTARES RELEVANTES NO CÓDIGO CIVIL

2.6.1. A influência da culpa como fator capaz de provocar a necessidade dos alimentos (art. 1.694, § 2º, do Código Civil)

É novidade no direito brasileiro. Agora a culpa passa a influir em quaisquer alimentos, e não apenas entre cônjuges e companheiros.

É art. 1.694, § 2º, do Código Civil bastante problemático e perigoso. O que será culpa entre irmãos, por exemplo? O texto legal pode permitir interpretações cruéis, tais como alegação, pelo demandado, de que o postulante dos alimentos deles necessita porque se tornou aidético em decorrência de conduta imoral! Dirá o réu que seu irmão não pode trabalhar porque está com AIDS, doença esta resultante de seu comportamento sexual livre. Outro exemplo seria enfizema pulmonar em grau adiantado, que impede de trabalhar e foi contraído em decorrência do hábito do fumo.

Penso que a solução reside em aplicar princípio hermenêutico importante em matéria alimentar: como os alimentos dizem com a própria vida ou, pelo menos, com a vida com dignidade, as exegeses devem buscar favorecê-los, e não prejudicá-los. Nesta linha de raciocínio, inadmissíveis alegações como as antes exemplificadas. A interpretação do dispositivo deve ser restritiva. Sugiro limite-se sua aplicação a hipóteses excepcionais, como naquelas em que o postulante dos alimentos diladipou, indevidamente, seu patrimônio.[103] A casuística haverá de criar outros destes casos excepcionais, mas o importante é que sejam situações realmente muito graves; tão graves que superem a relevância dos alimentos, que decorre da dignidade humana do alimentado. Silmara Juny Chinelato[104] cita outros exemplos: pessoa que não tem, por inércia, desinteresse ou outro motivo, formação técnico-profissional; pessoa que não prestou concurso público no tempo oportuno, e, por isto, já passou da idade.

2.6.2. O procedimento indigno do credor de alimentos como causa da perda destes (ou de sua redução apenas, em certos casos?), conforme o art. 1.708, parágrafo único, do Código Civil

O que é procedimento indigno? Dificilmente pode-se recorrer a conceitos relativos à vida erótica e sexual, pois se evoluiu para entendimento de que o alimentante não é fiscal da vida amorosa do alimentado e que receber alimentos não significa voto de castidade.

---

[103] Já seria diferente, porém, se a dilapidação foi motivada por doença mental.

[104] *Comentários ao Código Civil: parte especial: do direito de família, vol. 18 (arts. 1.591 a 1.710);* coord. Antônio Junqueira de Azevedo. São Paulo: Saraiva, 2004, p. 447.

Outra vez é norma preocupante e que pode levar a interpretações perniciosas aos alimentos, com verdadeiras crises moralistas[105] e puritanas de pura conveniência. Partindo novamente da idéia de que as interpretações, em assuntos alimentares, devem favorecer os alimentos e não lhes serem nocivas, adoto solução sugerida pelo Des. Luiz Felipe Brasil Santos, que preconiza só se adjetive como indigno o procedimento enquadrável no art. 1.814 do Código Civil; trata-se de aplicação analógica deste dispositivo. Mas vou além: analogia também pode ser feita com o art. 1.962 do mesmo Código, pois não haveria razoabilidade em deixar de fora condutas como ofensa física (que aparece ainda no art. 557, inciso II, do Código Civil). José Carlos Teixeira Giorgis segue dentro desta linha de raciocínio e até amplia as hipóteses para incluir a injúria grave.[106]

O caráter drástico da norma parece indicativo de que o procedimento indigno do credor produz desaparecimento do direito a alimentos. No entanto, surgiu reação, limitando o alcance daquela: Enunciado nº 345, da IV Jornada de Direito Civil (outubro de 2006), realizada pelo Centro de Estudos Judiciários do Conselho da Justiça Federal: "O 'procedimento indigno' do credor em relação ao devedor, previsto no parágrafo único do art. 1.708 do Código Civil, pode ensejar a exoneração ou apenas a redução do valor da pensão alimentícia para quantia indispensável à sobrevivência do credor".[107]

2.6.3. A atualização da prestação alimentícia (art. 1.710 do Código Civil)

Este artigo causa perplexidade, pois dá a entender que sequer o magistrado pode ordenar critério diferente de atualização, como é o caso da utilização consagrada do salário mínimo, por exemplo. Poderia haver dúvida até sobre o emprego de percentual sobre o ganho do alimentante. O art. 22 da Lei nº 6.515/77 ressalvava critério diverso determinado pelo Poder Judiciário.

É preciso evitar o que seria verdadeiro absurdo interpretativo, não se fixando na letra da lei. A doutrina já principiou a reação contra a interpretação meramente literal: São exemplos Yussef Said Cahali,[108] Nelcy Pereira Lessa[109] (aceita percentual e salário mínimo), Zeno Veloso[110] (a lei não con-

---

[105] Artigo sob o título Os alimentos no novo Código Civil, publicado em *Revista AJURIS*, vol. 89, p. 229.

[106] *A paternidade fragmentada: família, sucessões e bioética*. Porto Alegre: Livraria do Advogado, 2007, p. 93.

[107] Em anexo a este livro estão os enunciados das Jornadas.

[108] *Dos alimentos*. 5ª ed. São Paulo: Revista dos Tribunais, 2006. P.660.

[109] Ob. cit., p. 412.

[110] Ob. cit., p. 71.

tém norma cogente ou impositiva, mas dispositiva ou supletiva, podendo os interessados fixar outro critério), Luiz Felipe Brasil Santos[111] (a lei não se refere às prestações vincendas, mas às vencidas). Além disto, é de se ressaltar que o artigo fala em índice regularmente estabelecido, o que pode permitir a interpretação de que depende de lei regulamentadora. Há quem diga, ademais, que o índice pode ser o IGPM da FGV, pois oficializado pelo Poder Judiciário em termos consuetudinários. Como se vê, não faltam idéias para escapar de uma errônea e funesta interpretação literal.

A propósito, interessante apontar que o Tribunal de Justiça do R. G. do Sul, alterando tradicional compreensão sobre a matéria, vem agora decidindo que não mais se pode usar o salário mínimo como fator de atualização das pensões alimentícias. É o que se lê na apelação cível nº 70015627979, julgada em 2 de agosto de 2006, sendo Relator o Des. Luiz Felipe Brasil Santos; a Câmara adotou o IGP-M como fator de atualização, o que, curiosamente, acaba por cair no critério do art. 1.710. A propósito do afastamento do salário mínimo, o advogado Fernando Malheiros Filho redigiu substancioso trabalho, em que procurou mostrar a ilegalidade de seu uso;[112] este texto, por sinal, foi citado no acórdão cit. do TJRS.

2.7. OS ALIMENTOS NA GUARDA COMPARTILHADA

Visto que muito vem se falando na guarda compartilhada, tenho como oportuno tecer algumas ponderações a respeito.

2.7.1. A possibilidade da guarda compartilhada no direito brasileiro. Suas vantagens e aparentes desvantagens

A guarda compartilhada ou guarda conjunta de menores pode ser plenamente aceita em nosso sistema jurídico, mesmo ausente previsão legal específica. Procurei demonstrar esta asserção em artigo doutrinário que publiquei em 1986.[113] Evitando repetir-me, tenho aqui como reproduzidos os argumentos que naquela oportunidade expendi. Na ocasião, também esbocei algumas informações de direito comparado.

Boas monografias e outros artigos doutrinários vieram a surgir expondo a compatibilidade da guarda compartilhada com nosso sistema jurídico e aprofundando a matéria sob outros ângulos: sem dúvida, avançaram muito

---

[111] Artigo cit., p. 230.

[112] *Revista Brasileira de Direito de Família.* Porto Alegre: Síntese, IBDFAM, out-nov 2006, v. 38, p. 139.

[113] A Guarda Conjunta de Menores no Direito Brasileiro, em *Revista AJURIS*, Porto Alegre, março de 1986, vol. 36, p. 53 a 64.

em relação a mim, que apenas enunciei algumas linhas gerais. Cito os livros de Waldyr Grisard Filho[114] e Karen Ribeiro Pacheco Nioac de Salles[115] e os artigos de Denise Duarte Bruno,[116] Lia Justiniano dos Santos,[117] Maria Lúcia Luz Leiria[118] e Patrícia Pimentel de Oliveira Chambers Ramos.[119]

Portanto, em sede de doutrina, não há mais discussão sobre a possibilidade da guarda conjunta ou compartilhada em nosso direito. Interessante assinalar que a Jornada de Direito Civil (em torno do novo Código Civil), promovida pelo Centro de Estudos Judiciários do Conselho da Justiça Federal, no período de 11 a 13 de setembro de 2002, sob a coordenação científica do Ministro Ruy Rosado, do Superior Tribunal de Justiça, em seu enunciado de nº 101, assim deliberou, tendo como referência o art. 1.583 do novo Código Civil: "Sem prejuízo dos deveres que compõem a esfera do poder familiar, a expressão 'guarda dos filhos', à luz do art. 1.583, pode compreender tanto a guarda unilateral quanto a compartilhada, em atendimento ao princípio do melhor interesse da criança".

Os tribunais também não rejeitam o instituto em tese, mas somente resistem a utilizá-lo quando não há comprovada condição psicológica de harmonia entre o casal, o que está perfeitamente correto.[120]

As vantagens da guarda compartilhada são sobejamente evidenciadas em todos os textos antes enumerados, desnecessários acréscimos a respeito, sob pena de superfetação.

A alegação maior de desvantagem é aparente, pois radica nas dificuldades de relacionamento entre os pais. Ora, é indiscutível que a guarda conjunta só pode ser adotada quando comprovado que os pais apresentam condições de equilíbrio psíquico para este belíssimo, mas complexo mister. Ninguém se atreve a sustentar o contrário. Os adversários da guarda compartilhada podem afirmar que é de difícil realização na prática, sendo ainda raros os casos em que os pais preenchem os requisitos indispensáveis, mas não podem atacar em tese o instituto, pois inegável que apresenta amplos e sólidos aspectos positivos para os filhos. Waldyr Grisard Filho[121] arrola

---

[114] *Guarda Compartilhada – Um Novo Modelo de Responsabilidade Parental.* São Paulo: Revista dos Tribunais, 2000.

[115] *Guarda Compartilhada.* Rio de Janeiro: Lumen Juris, 2001.

[116] Guarda Compartilhada, em *Revista Brasileira de Direito de Família,* do IBDFAM (Instituto Brasileiro de Direito de Família), nº 12, Jan-Fev-Mar/2002, p. 27 a 39.

[117] Guarda Compartilhada; Modelo Recomendado, em *Revista cit.* na nota de rodapé anterior, nº 8, Jan-Fev-Mar/2001, p. 155 a 163.

[118] Guarda Compartilhada: A Difícil Passagem da Teoria à Prática, em *Revista AJURIS,* Porto Alegre, junho/2000, vol. 78, p. 217 a 229.

[119] A Guarda Compartilhada como Direito Fundamental da Criança, em *Revista do Ministério Público,* Rio de Janeiro, nº 15, 2002, p.213 a 221.

[120] Acórdãos do TJRGS: Agravo de Instrumento nº 70005788963, julgado em 31.01.03; Apelação Cível nº 70002792919, julgada em 01.11.01; Apelação Cível nº 70001021534, julgada em 21.06.2000.

[121] Ob. cit., p. 173 a 178.

argumentos contrários à guarda compartilhada e os refuta adequadamente; destaca que boa parte das críticas parte de uma confusão entre guarda compartilhada e guarda alternada; guarda compartilhada não implica falta de residência fixa!

2.7.2. Os alimentos na guarda compartilhada

A matéria é pouco versada em nosso direito, com escassos pronunciamentos doutrinários e pretorianos.

Valdyr Grisard Filho[122] ensina, com razão, que "A guarda compartilhada, como meio de manter (ou criar) os estreitos laços afetivos entre pais e filhos, estimula o genitor não-guardião ao cumprimento do dever de alimentos. A recíproca, nesse caso é verdadeira: 'Quanto mais o pai se afasta do filho, menos lhe parece evidente o pagamento da pensão'".

O mesmo autor cita importante acórdão do TJDF,[123] pelo qual se decidiu que a guarda alternada (não há confundir com a guarda conjunta ou compartilhada, como vimos, mas mesmo assim o decisório lança orientação aplicável à segunda modalidade de guarda) não provoca falta de interesse jurídico para a propositura de ação de alimentos. Assim reza a ementa: "Ainda que o menor fique sob a guarda de ambos os genitores, de forma alternada, concorre interesse jurídico que justifica o ajuizamento da ação alimentícia. Não há que se falar em ilegitimidade passiva, se a ação foi manejada contra o genitor dos alimentandos". Com efeito, na guarda compartilhada não há forçosamente a alternância de guarda física, mas sim que há fixação de um dos pais como guardião (no sentido físico, de residência). Ora, evidente que o genitor não-guardião pode pedir alimentos para os filhos que tem sob sua guarda física.

Como preconiza Karen Ribeiro Pacheco Niode de Salles:[124] "A organização da obrigação alimentar deverá ser feita da maneira mais flexível e igualitária possível, para que nenhum dos pais se sinta prejudicado, estipulando-se um valor pecuniário determinado, conforme as rendas de cada genitor e a necessidade da criança". E mais: "Ressalta-se que aquele cônjuge que detiver a guarda física por um determinado período do ano sujeita-se a menores encargos financeiros, o que se inverte no período seguinte, alternando-se, também, os períodos de visitas. Esta igualdade no exercício de funções parentais incentiva a participação permanente na vida dos filhos".[125]

Patrícia Pimentel de Oliveira Chambers Ramos[126] pensa que a guarda compartilhada, entre outros méritos, tem o de minimizar os conflitos

---

[122] Ob. cit., p. 152.

[123] Ob. cit., p. 188.

[124] Ob. cit., p. 105.

[125] Idem, p. 108.

[126] Artigo cit., p. 219.

decorrentes dos processos de alimentos. E acrescenta: "Os litígios decorrentes da prestação de alimentos aos filhos limitar-se-iam basicamente às necessidades da criança com educação e saúde – já compensados os gastos com alimentação, vestuário e diversão através do próprio convívio diário com cada um dos pais. Não se fariam considerações a respeito das despesas de moradia de cada um dos pais (luz, gás, telefone, aluguel, condomínio, IPTU, empregada doméstica, etc), que devem ser arcados por cada um per si. Assim, não sendo hipótese de um dos genitores ser obrigado a prestar alimentos ao outro, em decorrência de direito autônomo seu (e não ligado ao infante), ambos os pais deverão esforçar-se para promover o seu próprio sustento, em perfeita consonância com o princípio constitucional de igualdade jurídica do homem e da mulher, não servindo a pensão alimentícia do menor como meio de sobrevivência de um dos pais. As despesas do filho, assim, serão divididas por ambos os genitores na proporção dos recursos de cada um, e pagas diretamente pelo responsável por aquela determinada despesa (por exemplo: o pai responsável pelas despesas da mensalidade escolar e de plano de saúde, e a mãe com as despesas de material escolar e vestuário). Em case de inadimplemento, a obrigação poderá ser exigida pelo outro genitor, representando o filho, dando ensejo, inclusive, à fixação dos alimentos diretamente a um dos pais, conforme o modelo tradicional, que passará a fazer todos os pagamentos do menor diretamente".[127]

Como se percebe pelos adequados parâmetros postos pelos autores citados, não há peculiaridades técnico-jurídicas dignas de maior exame em matéria alimentar na guarda compartilhada, aplicando-se todos os princípios e regras que regem o tema em nosso direito. O genitor não-guardião arcará com a maior carga da responsabilidade alimentar, como é natural (evidente que dentro de suas possibilidades financeiras). Esta carga pode ser reduzida pela circunstância de uma maior convivência com o não-guardião acarretar uma diminuição dos gastos do guardião.

As dificuldades que possam surgir, a meu ver, não serão de direito, mas sim de fato. Em termos de direito, como antes ressaltado, o assunto atinente aos alimentos na guarda compartilhada não difere dos alimentos destinados aos casos rotineiros de guarda jurídica entregue a um só dos pais, tanto no plano do direito material como no plano do direito processual. O problema residirá em apurar, cuidadosamente, as despesas pelas quais responderão cada um dos genitores, tudo em conformidade com os termos que regerão esta espécie de guarda. Porque os percalços são fático-probatórios, e não técnico-jurídicos (ou melhor: os questionamentos técnico-jurídicos são aqueles inerentes aos alimentos em geral), é que não há por que uma extensão maior na análise dos alimentos na guarda conjunta.

---

[127] Art. cit., p. 219 e 220.

52   *Sérgio Gischkow Pereira*

Aliás, a tendência não é de que devam aparecer muitos litígios neste campo, pois que incompatíveis com o bom funcionamento da guarda compartilhada. Se os pais começarem a conflitar por causa de alimentos, é péssimo sinal, indicativo de que não ostentam as verdadeiras condições de equilíbrio psicológico e de sabedoria que devem estar presentes para que a guarda conjunta tenha sucesso. É provável que, em tal hipótese, e infelizmente, a guarda não possa ser compartilhada ou tenha de deixar de sê-lo.

Falou-se sobre a cautela que deve presidir o arbitramento dos alimentos na guarda compartilhada. Esta precaução se estende, sem dúvida, ao magistrado. Será trabalhosa a deliberação judicial que enfrentar controvérsia alimentar na guarda compartilhada, pois o juiz precisará, ao dispor sobre os exatos e precisos termos em que se desenvolverá esta modalidade de guarda (decisão que já exige bastante esforço, pois reclama atenção em muitos e variados aspectos), harmonizar a divisão da responsabilidade alimentar com aquelas imposições referentes ao regime de guarda. Isto é bem mais do que simplesmente apurar necessidades e recursos: significa dosar as tarefas de cada genitor e as eventuais alterações de guarda física (isto pode provocar um indigesto, mas necessário detalhamento).

2.8. OS ALIMENTOS E A POSSIBILIDADE DE REALIZAR SEPARAÇÃO E DIVÓRCIO AMIGÁVEIS EM TABELIONATO

A Lei nº 11.441, de 04 de janeiro de 2007, alterou dispositivos do Código de Processo Civil, para permitir que separação e divórcio amigáveis possam ser feitos em tabelionato, além de inventários e partilhas. Para utilização da escritura pública, não pode o casal ter filhos menores ou incapazes (art. 1.124-A, do CPC, com a redação determinada pela Lei referida). Note-se que é exigida a presença de advogados e que haverá gratuidade para os que se declararem pobres. De uma maneira geral, a modificação foi bem recebida, pois desburocratiza e agiliza separações e divórcios. No entanto, Euclides de Oliveira, Presidente do Instituto Brasileiro de Direito de Família de São Paulo, apesar de favorável à alteração, pondera que pode trazer falta de segurança jurídica para as partes, pois faltará a orientação dada pelo juiz e o promotor, mais importante quando a parte não está muito segura do que faz.[128] O tema foi regulamentado, em nosso Estado, pelo Provimento nº 04/07, da Corregedoria-Geral da Justiça, que alterou normas da Consolidação Normativa Notarial e Registral (art. 619 da CNNR). No plano federal, o disciplina da matéria veio pela Resolução nº 35, de 24 de abril de 2007, do Conselho Nacional de Justiça.

---

[128] Folha de São Paulo de 06 de janeiro de 2007, p. C4.

O maior problema, no campo alimentar, provocado pela alteração legislativa, diz com a possibilidade ou não de ser decretada prisão civil do inadimplente de débito alimentar, quando os alimentos foram convencionados em escritura pública, pois o art. 733 do CPC fala em sentença ou decisão judicial. Sobre este assunto, falarei ao tratar da execução de alimentos.

Outra dúvida é atinente à possibilidade de deslocamento de matérias contenciosas, inclusive alimentos, para processo próprio, sem prejuízo da escritura pública. Euclides de Oliveira dá resposta positiva, aceitando que os cônjuges deixem a discussão alimentar para processo próprio.[129] Esta compreensão é acompanhada por Vaneska Donato de Araújo,[130] Christiano Cassettari,[131] Cláudia Stein Vieira[132] e Luiz Felipe Brasil Santos.[133] Este último magistrado e jurista argumenta que a lei ordena deve a escritura pública conter "disposições" relativas à pensão alimentícia, o que não significa impor uma solução para a matéria alimentar, pois as disposições podem ser apenas no sentido de que o assunto será discutido em separado. Parece-me que, no caso de atuação de tabelionato, não pode haver este deslocamento (seguidamente admitido quando se trata de separação judicial ou divórcio judicial amigáveis). Toda a cautela é necessária, em caso de separação e divórcio feitos em tabelionato. Nesta hipótese, tenho que deve haver rigorismo no sentido de só ocorrer a atuação do tabelião se realmente as partes acertarem sobre todos os pontos aludidos no art. 1.124-A, ou seja, descrição e partilha de bens, pensão alimentícia e acordo sobre o uso de sobrenome. Um dos cônjuges pode ser prejudicado por uma precipitação que o leve a querer se separar ou divorciar de imediato, sem levar em conta aspectos conflitivos que, se aprofundados, o conduziriam a uma postura diversa, tudo isto sem a fiscalização do Poder Judiciário e do Ministério Público. De qualquer forma, reconheço que, por enquanto, estou isolado nesta posição, o que me obriga a continuar refletindo sobre o tema.

Sobre a questão da possibilidade da renúncia ou não dos alimentos, já tratei da matéria ao examinar o art. 1.707 do Código Civil.

A respeito do conteúdo de cláusulas alimentares, pronuncio-me na parte deste livro que versa sobre Procedimento, ao versar sobre o acordo entre as partes.

---

[129] *Separação, divórcio e partilhas e inventários extrajudiciais* / coordenadores Antonio Carlos Mathias Coltro, Mário Luiz Delgado. São Paulo: Método, 2007, p. 257 e 258. Trata-se de matéria sob o título Separação extrajudicial: partilha de bens, alimentos e outras cláusulas obrigatórias.

[130] Idem, p. 264. Matéria sob o título As cláusulas versando sobre a partilha de bens, sobre os alimentos e sobre o nome dos cônjuges são obrigatórias em qualquer escritura pública de separação e divórcio?

[131] Artigo sob o título A abrangência da expressão Ser Consensual como requisito para a separação e para o divórcio extrajudiciais: a possibilidade de realizar escritura pública somente para dissolver o casamento e discutir judicialmente outras questões, publicado em: *Revista Brasileira de Direito de Família*. Porto Alegre: Síntese, IBDFAM, abril-maio 2007. Vol. 41, p. 15.

[132] Artigo sob o título A Lei nº 11.441, de 4 de janeiro de 2007, publicado na Revista e vol. aludidos na nota anterior, p. 25.

[133] Artigo sob o título Anotações acerca das separações e divórcios extrajudiciais (Lei 11.441/07), publicado em *www.direitodafamilia.net* .

3. Natureza da ação de alimentos

Qual a natureza da ação de alimentos? É ou não ação relativa ao estado das pessoas, ou, mais precisamente, ao estado de família?

É pergunta longe de apresentar interesse puramente acadêmico, abstrato, teórico. Basta ver, como exemplos, os artigos 82, II. 92, II, 275, parágrafo único, 405, § 2º, I, e 472, todos do Código de Processo Civil.

Nas anteriores edição deste livro, defendi a tese de que a ação de alimentos é sim uma ação de estado de família. Cabe verificar se continua sustentável a tese.

João Claudino de Oliveira e Cruz[134] ensinava que: "as ações relativas ao estado das pessoas são aquelas que ao mesmo se referem, diretamente, ou dele dependem ou derivam, ou, ainda, são aquelas que se relacionam com o estado das pessoas. Nesse sentido a ação de alimentos se relaciona com o estado das pessoas – estado de família, – e isso porque o deferimento dos alimentos importa reconhecer tal estado. É uma ação fundada no estado das pessoas – estado de família". Com igual concepção, entre outros, apareciam: Pontes de Miranda[135] e Celso Agrícola Barbi.[136] Barbi informava ser esta a orientação dominante na doutrina e na jurisprudência. João Claudino acrescentava que pensam como ele Costa Manso, Pereira Braga, Alfredo Araújo Lopes da Costa, Herotides da Silva Lima, Jônatas Milhomes e Afonso Fraga.

Com pensamento divergente, tinham-se, exemplificativamente, Hélio Tornaghi[137] e Washington de Barros Monteiro.[138] Para Tornaghi, a ação de estado surge com ação declaratória incidental relativa ao estado civil. Para

---

[134] *A nova ação de alimentos.* Rio de Janeiro: Forense, 3ª ed, p. 19.

[135] *Comentários ao Código de Processo Civil.* Rio de Janeiro: Forense, 1974. Tomo II, p. 202.

[136] *Comentários ao Código de Processo Civil, Lei nº 5.869, de 11 de janeiro de 1973, vol. I.* 10ª ed. Rio de Janeiro: Forense, 1998, p. 306.

[137] *Comentários ao Código de Processo Civil.* 2ª ed. São Paulo: Revista dos Tribunais, 1976. Vol. I, p. 315.

[138] *Curso de direito civil.* 31ª ed. São Paulo: Saraiva,1994. Vol. 2º, p. 301.

Barros Monteiro, a ação de alimentos adquire a natureza de ação de estado somente se houver discussão a respeito do parentesco ou estado conjugal; ausente este debate, a obrigação é unicamente patrimonial.

Problema inexistente, quando da primeira edição desta obra, surge com a presença de alimentos na união estável (art. 1.694 do Código Civil). Será a união estável um estado civil? Se a resposta for negativa, é inviável ter como ação de estado a ação de alimentos entre companheiros, ao que tudo indica. De minha parte, penso que é sim um estado civil. Em excelente artigo sobre a Lei nº 8.971/94, João Baptista Villela respondeu afirmativamente, mas ressalvando que o sistema brasileiro não reconhece explicitamente a condição legal de companheiro.[139] Argumenta ele: "Estado civil é uma qualidade da pessoa concernente às relações matrimoniais, da qual a lei faz derivar direitos e deveres. Não há dúvida de que a condição de companheiro corresponde a esta idéia. A pretensão alimentícia e as pretensões sucessórias que a Lei nº 8.971 faz nascer são uma decorrência direta da qualidade de companheiro. Ademais, como é próprio dos diferentes estados civis, também aqui o atributo, uma vez caracterizado, desloca e afasta o precedente. Assim, quem era viúvo, por exemplo, e estabeleceu convivência *more uxorio* com pessoa do sexo oposto, deixa de ser viúvo e passa a companheiro". Todavia, ressalva que: "Terminada, por qualquer motivo, a união de fato, volta a ser viúvo, já que não é nominada a condição de ex-companheiro. Solteiro, viúvo, separado judicialmente, divorciado são categorias cujo pólo gravitacional é a figura do casamento. Não existem estados homólogos, legalmente reconhecidos, em relação à convivência more uxorio". Guilherme Calmon Nogueira da Gama[140] diverge de Villela e não considera que a união estável possa ser um estado civil. Ensina que "o critério de fixação do estado civil, tradicionalmente, sempre foi e continua sendo o casamento". Mostra o problema que surgiria em relação à pessoa casada, mas separada de fato, que passasse a viver em união estável: teria ela dois estados civis: o de casada e de companheira? Eis a doutrina dividida, com posições divergentes de dois grandes nomes do direito de família no Brasil. Contudo, cabe reconhecer que é minoritária a linha de pensamento que acata a união estável como constituindo estado civil. O TJRS se pronunciou pela condição de estado civil: RT 761/381. Na apelação cível nº 70010045045,[141] o TJRS entendeu que a existência de união estável implica alteração do estado civil. Concordo com João Baptista Villela e tenho que se deve aceitar a união estável como estado civil, apenas com a ressalva fei-

---

[139] Alimentos e sucessão entre companheiros: apontamentos críticos sobre a Lei nº 8.971/94, artigo publicado em Repertório IOB de Jurisprudência – 1ª quinzena de abril de 1995, nº 7/95, p. 119; trecho citado: p. 113, item 20.

[140] *O companheirismo: uma espécie de família.* São Paulo: Revista dos Tribunais, 1998, p. 183 e 184.

[141] Julgada pela 7ª Câmara Cível do TJRS, em 16.03.2005, sendo Relator o Des. Luiz Felipe Brasil Santos.

ta pelo jurista e pertinente à não-existência, no sistema brasileiro, da figura do ex-companheiro. Portanto, não é este o percalço para que se continue tendo a ação de alimentos como ação de estado em todas as hipóteses.

Porém, o grande problema novo é trazido pelo fato de que o Código Civil de 2002 colocou os alimentos no Título II de seu Livro IV, ou seja, no direito patrimonial. A partir disto, Yussef Said Cahali,[142] após longas considerações a respeito do tema, conclui que a sistemática do novo Código Civil supera as divergências e, tendo optado pelo caráter patrimonial da obrigação alimentícia, não mais pode a ação correspondente ser tida como ação de estado. Conclui o jurista: "as questões relativas ao estado das pessoas envolvidas são colocadas apenas como questões prejudiciais a decidir-se incidenter tantum".[143] O novo Código teria aderido às concepções de Tornaghi e Barros Monteiro.

Reconheço que se trata de argumentação de muito peso e que fará todos repensarem a matéria. Contudo, insisto em minha opinião de que a ação de alimentos é ação de estado, porque se relaciona ao estado das pessoas. Esta orientação independe do fato de se atribuir aos alimentos um conteúdo patrimonial, como o fazem Carlos Roberto Gonçalves[144] e Orlando Gomes (citado por Carlos Roberto Gonçalves). A patrimonialidade dos alimentos não implica que a ação correspondente não seja ação de estado. Direito material e direito processual têm peculiaridades próprias. Mesmo apresentando caráter patrimonial, a verdade é que os alimentos, quando pedidos em juízo, radicam em fatos relacionados ao estado da pessoa. A circunstância de o Código Civil ter posto os alimentos em sua parte patrimonial do direito de família não torna a ação que os reclama como não sendo ação de estado. Nem se deve sacralizar a disposição das matérias em uma lei substantiva – ou em qualquer lei –, mais ainda ao se cogitar de repercussões na órbita processual, quando os parâmetros são diversos. Veja-se um contundente exemplo: a união estável, forma de família, é situada toda dentro da parte patrimonial do direito de família, o que é errôneo, pois terminaram ali incluídas regras que, algumas delas, evidentemente, não são patrimoniais, como as que dizem com a própria existência e configuração da união estável, assim como seus efeitos não-patrimoniais. Norma patrimonial é, isto sim, o art. 1.725. Leis não mudam a natureza das coisas. Para ser diferente, só se a lei expressamente afirmasse que a ação de alimentos não é uma ação de estado.

---

[142] *Dos alimentos.* 5ª ed. São Paulo: Revista dos Tribunais, 2006, p. 542 a 547.

[143] Ob. cit., p. 762.

[144] *Direito civil brasileiro, volume VI: direito de família.* São Paulo: Saraiva, 2005, p. 442.

4. Sinopse histórica

É consagrada a divisão do procedimento romano em três etapas sucessivas: correspondem a três sistemas de procedimento: a) o das ações da lei (*legis actiones*); b) o formulário (*per formulas*) e c) o extraordinário (*cognitio extraordinaria*).

O regime formulário foi uma evolução, uma reação do gênio jurídico romano contra o estéril formalismo das *legis actiones*, que fazia prevalecer a forma sobre o fundo, em tudo e por tudo vendo nulidades. Mesmo na época das fórmulas, todavia, ao lado de um procedimento que pode ser tido como ordinário, outros havia, de maior rapidez de tramitação, posto que apresentados apenas diante do magistrado judiciário, dispensada a atuação do *iudex*. Eram: a) os interditos; b) as estipulações pretorianas; c) as imissões na posse; d) as restituições *in integrum*; e) a *extraordinaria cognitio*.[145]

Interessa-nos a *extraordinaria cognitio*, pois aqui tinha acolhida a ação de alimentos.

No Período Clássico do direito romano, consoante o parecer dominante, não portavam os cônjuges o direito recíproco a alimentos. No Período do Baixo Império ou Justianeu, este direito era concedido à mulher, mas não ao marido (há idéias divergentes). Entre pais e filhos havia direito a alimentos, surgido na época do Principado (iniciou em 27 a.c.).

Elucida Scialoja:[146] "La extraordinaria cognitio tenia más de una ventaja sobre el proceso ordinario; era, en general, mucho más expeditiva, especialmente porque para el procedimiento ordinario había períodos consagrados al desarollo de los procesos (actus rerum); se debía pues, esperar a que llegara esa época para que los juicios tuvieran su curso, al paso que la extraordinaria cognitio se sustraía a la regla del actus rerum; el magistrado puede conocer en via extraordinaria en cualquier momento, en qualquier

---

[145] Vittorio Scialoja. *Procedimiento civil romano.* Buenos Aires: Ediciones Jurídicas Europa-América, 1954, p. 303 e seguintes. José Carlos Moreira Alves. *Direito Romano.* Rio de Janeiro: Editor Borsoi, 1965. Vol. I, p. 270 e seguintes.

[146] Ob. cit., p. 353 a 355.

AÇÃO DE ALIMENTOS

tiempo (...); se tiene,por tanto, a veces la ventaja de ver decidida la controversia muchos meses antes de lo que se hubiera decidido de haberse seguido el procedimiento ordinário (...) Eram asimismo de extraordinaria cognitio: la materia de los alimentos, que había de resolverse rapidamente, y en la que sobre todo no se hubiera podido esperar al *actus rerum*; (...) Sabemos que la extraordinaria cognitio, de extraordinaria pasó a ser poço a poço, de hecho, no solo ordinaria, sino única forma de procedimiento; de manera que al tercer período del procedimiento romano suelle llamárse el período de las extraordinarias cognitiones, precisamente porque todos los procesos asumían esa forma. Por ello, volveremos a hablar de las particularidades del procedimiento en la extraordinaria cognitio cuando estudiemos el proceso justianeo, que no es en realidad outra cosa que uma extraordinaria cognitio más elaborada, por haber venido a ser el único tipo de procedimiento".

O procedimento formulário é concomitante ao momento de maior esplendor do direito romano. Trouxe institutos até hoje presentes na processualística. Seguiu-se-lhe o período da *cognitio extraordinaria*. O novel procedimento despontou para dirimir conflitos de índole administrativa ou policial. O magistrado não se atinha ao regramento do *ordo iudiciorum privatorum*, pelo que reunia poderes de ordenar a citação dos reclamados, de processar e julgar o litígio mesmo na ausência dos querelados e sem nomear *iudex* (toda tramitação era perante o magistrado, sendo despicienda a fórmula). A predileção das partes voltou-se para a *cognitio extra ordinem*, em detrimento do procedimento das fórmulas, em conseqüência de sua superior rapidez (não havia duas instâncias, *in iure e in juditio*, pois todo o processo tramitava com o magistrado) e chance de recorrer das sentenças, como regra consagrada.

Nesta nova fase procedimental havia ritos sumários. Tolerava-se uma cognição sumária, com procedimento mais rápido, sobretudo em relação a provas, dispensando-se uma convicção plena do magistrado. Um dos casos de *sumatim cognoscere* tinha lugar no exame de prefacial de estado em ações de alimentos. Reconhecia-se a imprescindibilidade de uma aceleração no andamento de tais feitos, que abalada ficaria com a demora resultante do solene exame de uma questão de estado. Mesmo porque, se posta em dúvida a relação familiar, a ação de alimentos não seguia enquanto não decidido o tema. Curioso indicar que já não se acatava efeito de coisa julgada para a relação familiar fixada sumariamente e com a finalidade exclusiva de servir para a sentença em ação de alimentos.

Com o declínio e esfacelamento do império romano, seu notável sistema jurídico entrou em declínio. Principiou a fase da história do direito conhecida como Período do Direito Romano-barbárico, que foi de involução, obscurantismo, de retorno a formas primitivas e arcaicas. Outro não seria o resultado de uma invasão de diversos povos bárbaros, culturalmente em estágio inferior aos romanos. Daí a pouca importância deste período, em termos de evolução da quaisquer institutos jurídicos.

Seguiu-se o estágio do Direito Comum, produto de uma fusão de normas de direito romano, direito canônico e direitos locais. Vultosa foi sua significação para o Brasil, visto só nos termos desapegado do Direito Comum com o Código de Processo Civil de 1939. Triste constatação, visto que, considerado como exemplo o direito processual civil, desde 1807, com o Code de Procédure Civile francês, começava o direito processual moderno. Se isto não bastasse, em meados do século XIX, nascia o processo contemporâneo, marcando o momento de cientificidade do direito processual (obra de Oscar Büllow: Teoria das exceções e dos pressupostos processuais).

Foi em 1139, portanto no período do Direito Comum, que Portugal se tornou independente da tutela espanhola. Vieram as grandes codificações: Ordenações Afonsinas (1446), Ordenações Manoelinas (1521) e Ordenações Filipinas (11 de janeiro de 1603). Estas Ordenações eram "a cristalização do próprio direito comum, salvo um ou outro preceito estritamente local", no dizer de José Frederico Marques.[147] Resistiram por longo tempo as Ordenações Filipinas, inclusive continuando a vigorar no Brasil após sua independência. As Ordenações de Felipe II foram adotadas como lei brasileira por Decreto de 20 de outubro de 1823.

Pelo prisma da legitimação para a causa, no regime precedente ao Código Civil brasileiro, ou seja, sob a égide das Ordenações Filipinas, do assento de 9 de abril de 1772 e do Decreto de 24 de janeiro de 1890, tínhamos o seguinte panorama: a) na constância do casamento, a obrigação alimentar, em relação aos filhos, incumbia ao pai e à mãe, não cessando com a anulação do casamento ou do divórcio; b) se litigioso o divórcio, o juiz mandava entregar os filhos menores ao cônjuge inocente e arbitrava a quantia com que o culpado devia concorrer para a educação daqueles; c) morto o pai, a mãe é obrigada a manter o filho de leite até três anos; após, o sustento viria dos bens próprios do filho; por falta de tais bens, cumpre à mãe fornecer alimentos; d) se supérstite for o pai, dará ao filho alimentos até a maioridade; atingida esta, subsistirá a obrigação, se o filho não contar com meios para se manter e não tiver condições para obtê-los; e) na ausência de pai e mãe, a obrigação alimentar se transfere: 1º – aos ascendentes paternos; 2º – aos ascendentes maternos; 3º – aos descendentes (a obrigação alimentar é recíproca); 4º – aos irmãos legítimos, e, na falta destes, aos ilegítimos; f) os filhos ilegítimos, quer naturais ou espúrios, têm a faculdade de postular alimentos (também com reciprocidade), se reconhecidos espontaneamente ou houver sentença não provocada por eles; g) na constância do casamento, cabe ao marido o dever de manter a mulher; h) dissolvida a sociedade conju-

---

[147] *Instituições de direito processual civil.* 4ª ed..Rio de Janeiro: Forense, 1971. Vol. I, p.117.

AÇÃO DE ALIMENTOS

gal, tinha-se: 1° – divórcio amigável: o marido permanece na obrigação de alimentar a mulher, se insuficientes as posses desta; 2° – divórcio litigioso: se inocente e pobre a mulher, tem direito a pleitear alimentos.[148]

Precavenha-se o leitor de qualquer confusão em torno do vocábulo 'divórcio', empregado no parágrafo anterior. Na legislação brasileira de então, a terminologia designava um instituto idêntico ao posterior desquite (hoje separação judicial). O divórcio não implicava dissolução do vínculo matrimonial, mas unicamente dissolução da sociedade conjugal.

José Homem Correa Telles[149] aponta ser, em regra, sumário o procedimento da ação de alimentos. Se, porém, não fossem devidos por direito de sangue ou quando se os requeressem pretéritos, passava a ser ordinária a marcha procedimental.

Ainda sob a apreciação procedimental, merece menção o Decreto n° 3.084, de 5 de novembro de 1898, que aprovou a consolidação das Leis referentes à Justiça Federal.[150] Na Parte Terceira da Consolidação (Processo Civil), Título V, são regulados os processos especiais; aí se enquadram as ações sumárias (arts. 359 a 367). O procedimento é o do Decreto 737. Entre os casos de sumariedade, incluíam-se as causas de alimentos. Com o advento dos códigos de processo dos Estados, alguns emprestaram atenção específica à ação de alimentos, preocupando-se em agilizar sua tramitação, com o que lhe imprimiram procedimento sumário. São exemplos: a) o Código do Processo da Bahia (Lei n° 1.121, de 21 de agosto de 1915),[151] em seu artigo 320, item 4°. Comentando o dispositivo, que não fazia distinção, Espínola entende só concerne aos alimentos futuros, em face da urgência, sempre ou quase sempre ínsita a estes (reporta-se à Consolidação de Ribas, a Lafayette e a Correa Telles).[152] b) Código de Processo Civil do Estado de Minas Gerais (Lei n° 830, de 7 de setembro de 1922), em seu art. 388, 1, fala em ações de alimentos ordinários futuros;[153] c) Código do Processo Civil Comercial do Estado de São Paulo,[154] em seu artigo 478, parágrafo único, inciso VIII (alimentos futuros); d) Código de Processo Civil e Comercial da Paraíba,[155] no artigo 385, I (ações de alimentos ordinários futuros). Códigos

---

[148] Clóvis Bevilaqua. *Direito de família*. 4ª ed. Recife: Ramiro M. Costa & Filhos Editores, 1910, p. 521 a 525.

[149] *Doutrina das Acções*. Rio de Janeiro: B. L. Garnier – Livreiro – Editor, 1880, p. 225.

[150] Conf. Coleção das Leis da República dos Estados Unidos do Brasil de 1898, Imprensa Nacional, 1900, parte II, p. 779 a 1.208.

[151] Eduardo Espínola. *Código do Processo do Estado da Bahia anotado*. Tip. Bahiana, de Cincinato Melchiades, 1916. 2 volumes.

[152] Ob. cit., vol. 2°, p. 20.

[153] *Código do Processo Civil, com anotações de Artur Ribeiro*. Imprensa Oficial do Estado de Minas Gerais, Belo Horizonte, 1922.

[154] Lei n° 2.421, de 14 de janeiro de 1930. Ob. cons.: Código referido, Secretaria da Justiça e Segurança Pública, Diretoria da Justiça, São Paulo, data não localizável.

[155] Decreto n° 28, de 2 de dezembro de 1930. Ob. cons.: Código da Imprensa Oficial, João Pessoa, 1931.

como o do Rio Grande do Sul e o do Rio de Janeiro não continham previsão alusiva ao procedimento da ação de alimentos.

O Código de Processo Civil de 1939 (Decreto-Lei nº 1.608, de 18 de setembro de 1939) não concedeu atenção especial à ação de alimentos. Era regida pelo procedimento ordinário.

Em 10 de dezembro de 1949, adveio a Lei nº 968, estabelecendo a fase preliminar de conciliação ou acordo nas causas de desquite litigioso ou de alimentos, inclusive os provisionais.

Finalmente, em 25 de julho de 1968, apareceu a Lei nº 5.478, dispondo sobre a ação de alimentos e dando outras providências. Foi modificada pelo artigo 4º da Lei nº 6.014, de 27 de dezembro de 1973.

O Código de Processo Civil de 1973 não revogou aquela lei especial, pois que: 1) não trouxe nenhuma regra com esta finalidade; 2) a lei geral não revoga a especial (art. 2º, § 2º, da Lei de Introdução ao Código Civil), salvo se houver dispositivos manifestamente conflitantes. Quando muito, sucedeu derrogação, diante da incompatibilidade, em alguns aspectos, do Código de Processo Civil com a Lei 5.478; não, porém, ab-rogação.

No atinente a outros dispositivos legais mais recentes que, pontualmente, afetam a ação de alimentos, foram e serão examinados nos locais apropriados deste livro. É o caso, por exemplo, do art. 1.698, parte final, do Código Civil de 2002, quando se produz forte alteração no sistema brasileiro no pólo passivo da ação alimentar, permitido que está ao réu chamar os demais obrigados a pagar alimentos, o que antes não sucedia.[156] Na parte executória, teríamos outro exemplo no debate sobre se a manutenção, sem alterações, dos artigos 732 a 735 do Código de Processo Civil, significaria ou não que se pudesse empregar, na execução dos alimentos, o procedimento do art. 475 do mesmo diploma legal, com as modificações trazidas pela Lei nº 11.232, de 22 de dezembro de 2005. Mais uma situação recente foi trazida pela Lei nº 11.340, de 7 de agosto de 2006 (Lei Maria da Penha), com repercussões importantes na questão da competência. E ainda: o Estatuto do Idoso (Lei nº 10.741, de 1º.10.2003), em seu art. 12, ao prever a solidariedade da obrigação alimentar em favor dos idosos. Também em local apropriado, merecerá exame a Lei nº 11.441, de 04 de janeiro de 2007, que alterou o art. 1.124 do CPC, para permitir separações e divórcios amigáveis em tabelionato; esta obra mostra como se criou grave dúvida no pertinente à possibilidade ou não de prisão por alimentos constantes em escritura pública.

---

[156] Outro exemplo de norma do novo Código Civil com implicação no processo é o art. 1.704, parágrafo único, quando ordena que o cônjuge culpado, na separação judicial, só pode pedir alimentos se não tiver parentes em condições de prestá-los. No Capítulo 2, abordo o tema, para verificar de quem é o ônus probatório.

5. Condições da ação

Como é de rudimentar conhecimento, a doutrina identifica três condições para qualquer ação: a possibilidade jurídica do pedido, a legitimação para a causa e o interesse processual. O Código de Processo Civil é explícito a respeito: artigo 267, inciso VI. A ausência de uma daquelas condições importa na carência de ação. Apesar de singelo, não custa recordar que não há confundir a carência de ação com: a) declaração de inexistência ou invalidade da relação processual, por deficiência dos pressupostos processuais (art. 267, IV e V, do CPC); b) a improcedência, ligada ao direito material, às questões de mérito, de fatos, de provas (art. 269 do CPC; note-se que, apesar da intensa discussão doutrinária, a verdade é que nosso CPC põe a decadência e a prescrição entre os temas de mérito).

A possibilidade jurídica do pedido não é definível como restrita à verificação de existência de um preceito, no direito positivo, que legitime a pretensão. O conceito precisa ser mais amplo. Está certo E. D. Moniz de Aragão:[157] "A possibilidade jurídica, portanto, não deve ser conceituada, como se tem feito, com vistas à existência de uma previsão no ordenamento jurídico, que torne o pedido viável em tese, mas, isto sim, com vistas à inexistência, no ordenamento jurídico, de uma previsão que o torne inviável. Se a lei contiver um tal veto, será caso de impossibilidade jurídica do pedido; faltará uma das condições da ação". Sobre o assunto, remeto também a artigo de minha autoria.[158] Portanto, a questão é solucionável pelo exame do direito material, o que fiz no Capítulo 2 deste livro.

A legitimação para a causa sempre foi conceito de maior clareza. Em regra, é examinável no plano do direito material, com o que se trata de matéria também do Capítulo 2, salvo casos em que a lei processual estabeleça

---

[157] *Comentários ao Código de Processo Civil, Lei nº 5.869, de 11 de janeiro de 1973, vol. II: arts. 154-269.* 9ª ed. Rio de Janeiro: Forense, 1998, p. 398.

[158] Possibilidade jurídica do pedido, em *Revista AJURIS*, vol. 23, p. 167.

alguma legitimação extraordinária ou alguma substituição processual.[159] Exemplo de falta de legitimação para a ação alimentar consiste em tio pedir alimentos para sobrinho, o que não é permitido pelo sistema brasileiro (ver Capítulo 2). Hipótese de substituição processual tem-se, exemplificativamente, na Lei nº 8.560, de 29 de dezembro de 1992, em seu art. 2º, § 4º, ao conferir ao Ministério Público a faculdade de propor ação investigatória de paternidade, que pode ser cumulada com ação de alimentos (no caso, o rito é ordinário); veja-se ainda a Lei nº 8.069, de 13 de julho de 1990 (Estatuto da Criança e do Adolescente), em seu art. 201, inciso III, quando prevê possa o Ministério Público promover ação de alimentos.

O interesse processual não se cinge a constatar a configuração de "um interesse calcado em necessidade efetiva",[160] ainda que esta espécie de interesse também importe[161], mas senão que apresenta contornos mais ampliados, abarcando a formulação de "uma pretensão adequada à satisfação do interesse contido no direito subjetivo material".[162] Nesta área, dificilmente pode haver problema em matéria de ação de alimentos, a não ser em casos praticamente absurdos, como alguém que ajuizasse ação revisional de alimentos quando a hipótese fosse de ação de alimentos, pois ainda não houvessem sido estes fixados.

Ora, no atinente às condições da ação de alimentos, nada tenho a acrescentar agora, pois o assunto, como já disse e insisto, foi absorvido pelas considerações de direito material circunstanciadas no Capítulo 2. As condições da ação são pesquisadas, em regra, em função do "direito judiciário material" de que cogita Hélio Tornaghi.[163] São elas o traço de ligação entre o direito material e o direito abstrato de agir; portanto, importam, prevalentemente, em enfoque de direito material, ainda que em tese.

A maior dificuldade de análise prender-se-ia à legitimação para a causa. É o exame das titularidades ativa e passiva da ação. Busca-se saber a quem o direito material concede a faculdade de postular alimentos e a quem atribui o dever jurídico de prestá-los. Este assunto foi examinado no Capítulo 2.

---

[159] Sobre legitimação extraordinária e substituição processual: E. D. Moniz de Aragão, em ob. e vol. cit., p. 403 e 404.

[160] Galeno Lacerda. *Despacho saneador.* Porto Alegre: Sulina, 1953, p. 89.

[161] Arruda Alvim. *Manual de direito processual civil; volume 1: parte geral.* 10ª ed. São Paulo: Revista dos Tribunais, 2006, p. 392.

[162] José Frederico Marques. *Instituições de direito processual civil.* 4ª ed. Rio de Janeiro: Forense, 1971. Vol. II, p. 40 e 41.

[163] *Comentários ao Código de Processo Civil.* São Paulo: Revista dos Tribunais, 1975. Vol. II, p. 329.

6. Pressupostos processuais

6.1. CLASSIFICAÇÃO DOS PRESSUPOSTOS PROCESSUAIS

É sabido que os pressupostos processuais se dividem em pressupostos processuais de existência da relação jurídica processual e pressupostos processuais de validade daquela relação (estes últimos são objeto, por exemplo, do art. 267 do CPC).

Os pressupostos processuais de existência são: a) o pedido: b) a existência de jurisdição; c) a citação; d) a capacidade postulatória.[164] Arruda Alvim salienta que a capacidade postulatória, pela teoria geral do processo, não é pressuposto de existência, mas o é pelo direito positivo brasileiro: art. 37, parágrafo único, do CPC; a propósito, na ação especial de alimentos existe regra específica, que permite ajuizamento da demanda sem advogado: art. 2º; o juiz, no entanto, deverá designar advogado de imediato: art. 2º, § 3º. Note-se que há autores que consideram também como pressuposto de existência a presença das partes.[165]

Pressupostos de validade da relação processual:[166] a) subjetivos: competência e insuspeição do juiz e capacidade das partes; b) objetivos: b.1) extrínsecos ao processo: inocorrência de eventos impeditivos, como litispendência, coisa julgada, compromisso, falta de caução prevista no art. 835 do CPC, não-pagamento das verbas previstas no art. 268, *caput,* do CPC; b.2) intrínsecos à relação processual, que vem a ser a tramitação em conformidade com os dispositivos legais incidentes (normas procedimentais), com o que, na ausência desta conformidade, se vicia a relação processual,

---

[164] Arruda Alvim. *Manual de direito processual civil, volume 1: parte geral.* 10ª ed. São Paulo: Revista dos Tribunais, 2006, p. 478 a 480.

[165] Hélio Tornaghi, ob. e vol. cit., p. 334 e 335. Tornaghi alude ao pensamento de Couture e Betti.

[166] Conf.: a) Galeno Lacerda. *Despacho saneador.* Porto Alegre: Sulina, 1953, p. 60 e 61. b) Egas Dirceu Moniz de Aragão. *Comentários ao Código de Processo Civil, Lei nº 5.869, de 11 de janeiro de 1973, vol. II: arts. 154-269.* 9ª ed. Rio de Janeiro: Forense, 1998, p. 386.

com as seqüelas da nulidade absoluta, nulidade relativa ou mera irregularidade, consoante a gravidade do defeito. Dentro destes pressupostos intrínsecos está o de ser regular, apta, a petição inicial (àrt. 295 do CPC).[167]

6.2. PRESSUPOSTOS PROCESSUAIS DE EXISTÊNCIA

A percepção dos pressupostos processuais de existência é cercada de tão acentuada simplicidade e obviedade que é dispensável qualquer divagação. Incorreções neste setor são captadas de forma direta e imediata.

Talvez seja apenas o caso de ressaltar um aspecto relevante, nem sempre recordado pelos profissionais do direito: como a citação é pressuposto de existência da relação processual, sua ausência não acarreta apenas nulidade absoluta, mas sim inexistência, pelo que nem é necessária a ação rescisória para corrigir o defeito, sendo suficiente ação em primeiro grau de jurisdição; é a *querela nullitatis*.[168]

6.3. PRESSUPOSTOS PROCESSUAIS DE VALIDEZ SUBJETIVOS

No pertinente aos pressupostos de validez subjetivos, merece exame especial a questão da competência do juiz.

As regras sobre suspeição do juiz e capacidade das partes (*legitimatio ad processum*) nada têm de peculiar na ação de alimentos, vigorando as normas do Código de Processo Civil.

A competência, com exceção da hipótese do art. 26 da Lei nº 5.478/68, é regida também pelo CPC. Neste, porém, encontra tratamento específico no art. 100, inciso II, onde está disposto que é competente o foro do domicílio ou da residência do alimentando, para a ação em que se pedem alimentos.[169] No entanto, como quer a lei beneficiar o alimentando, nada obsta venha ele a ajuizar a ação no domicílio do alimentante.[170] Ensina Agrícola Barbi, corretamente, que não pode ser outro o foro competente quando se

---

[167] Tema destacado por Arruda Alvim, ao examinar os pressupostos de validade: ob. e vol. cit., p. 483 e 484.

[168] Adroaldo Furtado Fabrício, em artigo sob o título Réu revel não citado, "querela nullitatis" e ação rescisória, publicado em *Revista AJURIS*, vol. 42, p. 7.

[169] A súmula nº 1 do STJ estipula: O foro do domicílio ou da residência do alimentando é o competente para a ação de investigação de paternidade, quando cumulada com a de alimentos.

[170] Celso Agrícola Barbi. *Comentários ao Código de Processo Civil.* Rio de Janeiro: Forense, 1975. Vol. I, tomo II, p. 448.

versar sobre ação de oferta de alimentos, face ao caráter protetivo dos preceitos orientadores da matéria. A ação de oferta de alimentos é prevista no art. 24 da Lei de Alimentos.

Para os alimentos provisionais, tem incidência o art. 800 do CPC. No respeitante à execução de sentença condenatória em alimentos, deve ser obedecido o art. 575, inciso II, do CPC.

Cabe comentar sobre a competência de juízo. Descoberto o foro competente, necessário é indagar qual o juízo competente. Se houver um só juízo, o problema está resolvido. Se forem vários, a competência é fixada pela distribuição, a ser efetuada entre os juízos de idêntica competência *ratione materiae*. Na ação de alimentos contemplada na Lei nº 5.478/68, contudo, há uma exceção a tais regras gerais: o art. 1º estipula independer de prévia distribuição. Assim, o autor pode escolher o juízo. Quis a lei tornar imediata a fixação da pensão provisória. Despressentiu-se, porém, de sérios inconvenientes provocados pelo acúmulo de serviços em certas varas. Rebelou-se a prática contra esta disposição legal, sendo muito comum seu simples descumprimento, com a realização da prévia distribuição. A doutrina, aliás, censura o dispositivo, como se vê em Yussef Said Cahali, apoiado em Moura Bittencourt e Oliveira e Cruz;[171] Moura Bittencourt ressaltou a impraticabilidade da dispensa de prévia distribuição.

Oportuno fazer alguma referência à Lei nº 11.340, de 07 de agosto de 2006 (Lei Maria da Penha), naquilo em que envolve problemas de competência. A Lei em questão, destinada a criar mecanismos para coibir a violência doméstica, trouxe inovações surpreendentes, pois, pelo menos emergencial e provisoriamente, desloca dos juízos de família medidas que são de exclusiva competência destes.

Nas medidas protetivas de urgência, prevê afastamento do lar (arts. 22, inciso II, e 23, incisos III e IV), restrição ou suspensão de visitas a menores (art. 22, inciso IV), prestação de alimentos provisionais ou provisórios (art. 22, V), a separação de corpos (art. 23, inciso IV), proibição de que o homem se aproxime da família (art. 22, III, letra *a*), ordem de retorno da ofendida e dependentes para o lar (art. 23, II). Também há medidas patrimoniais, visando à proteção a bens da mulher: art. 24.

Interessa-me agora a parte alimentar, mas as observações que faço têm aplicação para as demais medidas de natureza familiar.

São criados os Juizados de Violência Doméstica e Familiar contra a Mulher, mas, enquanto não estruturados, as varas criminais acumularão competências cível e criminal: art. 33. Há que ter muita cautela na interpretação destas normas, pois quebram uma especialização comprovadamente benéfica, qual seja a dos juizados de família.

---

[171] *Dos alimentos.* 5ª ed. São Paulo: Revista dos Tribunais, 2006, p. 568 e 569.

De imediato, surgiram dúvidas de porte, como saber se o recurso, nas matérias cíveis, seria para câmara criminal ou câmara cível, ou mesmo se o juiz criminal prosseguiria na direção do processo também quanto às medidas familiares, ou se estas seriam encaminhadas desde logo para os juizados de família.

O Tribunal de Justiça do Rio Grande do Sul, através da Resolução nº 562/2006, do COMAG (Conselho da Magistratura), modificada pelas Resoluções nºs 571/2006 e 574/2006, buscou dar uma ordenação à matéria. Foram especificadas as varas criminais, na capital, que têm atribuição para apreciar os casos de violência doméstica (art. 1º, incisos III e IV). O juiz criminal poderá determinar as medidas protetivas constantes da Lei nº 11.340/06, em caráter liminar, podendo fixar prazo para sua vigência, se entender conveniente. Pode ser tentada e homologada, pelo juiz criminal, a conciliação entre as partes, inclusive na matéria de família, sendo o termo remetido para a vara de família, para arquivamento (art. 3º, III); o juízo de homologação fica responsável pela execução do acordo. Não havendo composição, a vítima será orientada a ajuizar as ações de família que entender cabíveis (art. 3º, V). Nos recursos, será observada a competência recursal peculiar a cada um (art. 3º, parágrafo único), o que significa que, em medidas de família, como alimentos provisórios ou provisionais, o recurso será encaminhado para as câmaras de família.

Claro que esta regulação envolve temas jurisdicionais, em que a interpretação dos magistrados pode não coincidir com as determinações do Conselho. Porém, parece-me correta e razoável a Resolução, quando resguarda a especialização das varas e das câmaras de família. A Resolução é clara quando atribui às Câmaras de Família o julgamento dos recursos que versem sobre matérias de família. Por outro lado, não deixa dúvida de que o juiz criminal não deve prosseguir no processo, no que diz com a parte de direito de família, tanto que, como se viu, não havendo acordo, as partes serão orientadas a proporem as ações de família cabíveis. Isto quer dizer que o juiz criminal apenas atuará em termos de deferimento ou não de cautelares. As ações principais ou de conhecimento serão ajuizadas perante a vara de família. É equacionamento que, como referi, me parece correto. Tudo isto enquanto não estruturados os juizados especiais para tratar da violência doméstica e familiar, pois, nos termos da Lei 11.340/2006, serão eles, futuramente, responsáveis integrais pela condução da parte cível (incluída a família, é evidente) e criminal (com a desvantagem da já apontada quebra da especialização); voltará, então, a dúvida sobre a competência recursal; minha opinião é a de que, pelo menos no pertinente aos recursos, deverá haver desdobramento de competências, de sorte que as câmaras de família apreciem os recursos respeitantes a esta matéria; veja-se que a Lei não prevê câmaras destinadas a examinar recursos oriundos dos juizados de violência doméstica e familiar, a serem estruturados. Assim, resguardar-se-á o princípio da especialização.

Por fim, em matéria de competência, é conveniente esclarecer que, na ação investigatória de paternidade, cumulada com alimentos, tem-se entendido que o foro é determinado pela ação de alimentos. Como aponta Yussef Said Cahali,[172] a jurisprudência se firmou no sentido de que, no conflito entre o foro geral (foro do réu da ação investigatória cumulada com ação de alimentos) e o foro especial (foro de quem pede alimentos, juntamente com investigatória de paternidade), deve prevalecer o segundo, em razão da relevância da pretensão alimentar, que diz com a vida e a vida com dignidade, valor máximo. Em termos práticos, não há mais o que debater, em face da Súmula 1 do STJ: "o foro do domicílio ou da residência do alimentando é o competente para a ação de investigação de paternidade, quando cumulada com a de alimentos".

6.4. PRESSUPOSTOS PROCESSUAIS DE VALIDADE OBJETIVOS EXTRÍNSECOS AO PROCESSO

Há algo de peculiar no terreno dos pressupostos de validade objetivos extrínsecos ao processo. Em princípio, atuam as normas do diploma processual civil. Regras próprias, no entanto, disciplinam a coisa julgada e o instrumento de mandato para profissional habilitado.

6.4.1. Coisa julgada

Sobre a coisa julgada, merece consideração o art. 15 da Lei nº 5.478/68. Tem a ver com o art. 471, I, do CPC. O valor fixado para os alimentos é mutável, em consonância com a situação financeira dos interessados. É o resultado, no plano processual, do art. 1.699 do Código Civil. Daí o art. 15 declarar o não-trânsito em julgado da decisão judicial sobre alimentos (note-se que, pelo CPC em vigor, a palavra "decisão" não poderia ser empregada, pois se trata de sentença, conforme seu art. 162). O devedor pode até ficar exonerado da obrigação alimentar, se a tanto conduzirem os dados econômico-financeiros apurados no processo.

O art. 15 em tela, todavia, é manifestamente errôneo, sem que isto signifique que o erro prejudique a mutabilidade dos alimentos. Passo a analisar o equívoco legislativo.

Não é certo falar em ausência de trânsito em julgado. Como está escrito na lei, não haveria sequer coisa julgada formal, o que é absurdo. A

---

[172] *Dos Alimentos.* 5ª ed. São Paulo: Revista dos Tribunais, 2006, p. 552.

AÇÃO DE ALIMENTOS

lei não se preocupou pelo menos em distinguir a coisa julgada formal da coisa julgada material. Evidentemente, não é lícito apelar da sentença, após passado o prazo recursal! João Claudino de Oliveira e Cruz[173] já observara a impropriedade, esclarecendo ser razoável que a lei esteja se referindo à coisa julgada material.

Entretanto, o erro é maior: ocorre sim a coisa julgada material. A doutrina dominante é neste sentido: a) Celso Neves,[174] citando Luiz Eulálio de Bueno Vidigal e Liebman, afirma que se configura o trânsito em julgado; apenas acontece que a sentença é proferida tendo em vista determinado estado de fato e vale enquanto durar este estado. Não são atenuados os princípios de coisa julgada, pois a possibilidade de nova sentença decorre da natureza da relação jurídica, a qual contém elementos variáveis; b) Moacyr Amaral Santos,[175] dissertando sobre o art. 15 da Lei de Alimentos: "Observe-se, entretanto, que as sentenças decidem de relações continuativas, mutáveis no prolongamento do tempo, circunstâncias essas que a própria lei material atuada considera no momento da prolação das mesmas. Exemplo típico as sentenças nos processos de alimentos. Estes são fixados de acordo com os pressupostos da relação alimentícia ao tempo em que a sentença é proferida. Mas o juiz, ao fixá-los, o faz em face de uma situação de fato e de direito e enquanto essa situação perdura. Quer dizer que a sentença traz implícita a cláusula rebus sic stantibus. Se, no desenvolvimento da relação no tempo, após a prolação da sentença, verificar-se a mutação do estado de fato ou de direito, a essa a sentença terá que se adaptar. É o que se dá com a sentença de alimentos(...). A nova sentença não desconhece nem contraria a anterior. Ao contrário, por conhecê-la e atender ao julgado, que contém implícita a cláusula rebus sic stantibus, a adapta ao estado de fato superveniente". Moacyr Amaral Santos alude à opinião idêntica de José Frederico Marques; c) Pontes de Miranda[176] pensa da mesma forma e destaca que as sentenças em ações de alimentos, mesmo modificáveis, têm eficácia imediata de coisa julgada. Cita autores que não vêem ofensa à coisa julgada na ação de modificação: Richard Schmidt, Jacob Weismann, P. Klöppel e Georg Kuttner.

Sem dúvida, não há desrespeito à coisa julgada. A ação se identifica pela causa de pedir, as partes e o pedido. A coisa julgada material se constitui a partir destes elementos. Ora, a causa de pedir, na ação revisional de alimentos, é diversa da causa de pedir da ação anterior (ação de alimentos), pois se baseia em fatos ocorridos depois da primeira sentença.

---

[173] A nova ação de alimentos. 3ª ed. Rio de Janeiro: Forense, p. 59 a 64.

[174] *Coisa julgada civil.* São Paulo: Revista dos Tribunais, 1971, p. 482 e 483.

[175] *Comentários ao Código de Processo Civil, Lei nº 5.869, de 11 de janeiro de 1973, vol. IV: arts. 332-475.* Rio de Janeiro: Forense, 1994, p. 447 e 448.

[176] *Comentários ao código de processo civil.* Rio de Janeiro: Forense, 1974. Tomo V, p. 194 e 195.

Em conclusão: diversamente do que dispõe o art. 15 da Lei nº 5.478/68, a sentença proferida em ação de alimentos faz coisa julgada, formal e material.

6.4.2. Instrumento de mandato

No concernente ao instrumento de mandato, tenha-se em foco o art. 2º da Lei de Alimentos, quando consente que o autor ajuíze sua postulação diretamente, sem acompanhamento por advogado. No entanto, o juiz deve designar desde logo advogado para o acionante: art. 2º, § 3º.

6.5. PRESSUPOSTOS PROCESSUAIS DE VALIDADE OBJETIVOS INTRÍNSECOS AO PROCESSO

Os pressupostos de validez objetivos intrínsecos à relação processual dizem com as regras de procedimento. Nada cabe indicar agora em caráter especial, pois o tema será abordado no próximo Capítulo.

Oportuno lembrar como, em ações desta espécie, mais do que nunca, avulta ter em mente o caráter teleológico do processo. Descabe cultivar o amor à forma pela forma, como se a forma fosse um fim em si.[177] O processo é instrumental, porque colima a composição do litígio, a aplicação do direito material, a paz social, a descoberta o mais possível da verdade real, a concretização dos ideais de justiça. Não deve o hermeneuta e aplicador da lei se deter em raciocínios lógico-matemáticos, de puro tecnicismo, de burilamento teórico-abstrato. O direito é vida, é gente, é sociedade, é humanismo. Não é exercício de lógica formal ou matemática, destinado ao deleite intelectual.[178] O pensamento voltado parra as nulidades, por isto, precisa ser o último a germinar na mente do julgador: utilizem-se, fartamente, os arts. 244, 249, §§ 1º e 2º, e 250, todos do Código de Processo Civil.[179] Importa é que sejam respeitados os princípios fundamentais do processo, relacionados com o direito de defesa, com a igualdade das partes e com o contraditório. Se assim deve ser em qualquer processo, muito mais na ação de alimentos, quando se tratam dos principais direitos, ou seja, o direito à própria vida e o direito à vida com dignidade. De resto, as anulabilidades,

---

[177] Longamente abordei o caráter instrumental do processo em: *Aspectos do procedimento sumaríssimo.* Porto Alegre: Síntese, 1979, p. 9 a 30.

[178] Sobre como deve ser interpretado e aplicado o direito, escrevi em: *Estudos de direito de família.* Porto Alegre: Livraria do Advogado, 2004, p. 11 a 33.

[179] Arruda Alvim (*Manual de direito processual civil, volume 1: parte geral.* 10ª ed. São Paulo: Revista dos Tribunais, 2006, p. 444.) mostra como o tema das nulidades é informado pelo princípio da instrumentalidade.

se não argüidas, ficam sanadas no processo em que surgiram, e, quanto às nulidades, ficam sanadas após dois anos do trânsito em julgado da sentença de mérito, ou seja, não proposta a ação rescisória; o único vício que não se sana, mesmo esgotado o prazo da ação rescisória, é o da inexistência.[180]

---

[180] Arruda Alvim, ob. e vol. cit., p. 448.

7. Procedimento

7.1. DUALIDADE DE PROCEDIMENTO.

O art. 2º da Lei nº 5.478/68 exige que, na petição inicial, prove o autor o parentesco ou a obrigação alimentar. Esta segunda hipótese é respeitante ao vínculo matrimonial, que parentesco não é, e aos casos de companheirismo. Portanto, deve suceder a prova escrita e imediata de alguma daquelas circunstâncias. Daí decorre a não-incidência da lei especial quando se cogita de situação em que não há qualquer prova *ab initio* de liame familiar.

Para os casos de parentesco e matrimônio, não há qualquer dúvida sobre a prova, pois se trata de certidões do registro civil das pessoais naturais.

Para a hipótese de companheirismo, há alguma dificuldade. Claro que há clara diferença no plano processual, em termos de exercício da ação de alimentos da Lei nº 5.478/68. Como o art. 2º desta Lei exige prova de parentesco ou de obrigação alimentar, o companheiro terá, em geral, de se valer do procedimento comum ordinário, salvo se – o que é difícil – puder desde logo demonstrar ao magistrado a configuração da união estável mediante prova documental. De qualquer forma, não haverá prejuízo no que interessa, ou seja, a sobrevivência digna do suposto credor de alimentos; utilizada a ação ordinária, poderá cumulá-la com a ação cautelar de alimentos provisionais prevista no art. 852 do Código de Processo Civil, pedindo ao juiz que arbitre desde logo mensalidade para mantença (art. 854, parágrafo único); é que na ação cautelar pode ser feita justificação prévia (art. 804 do Código de Processo Civil), com inquirição de testemunhas. O uso da antecipação de tutela é mais problemático para o credor de alimentos, pois não prevê o diploma processual expressamente audiência de justificação prévia, a não ser que se interprete que esta justificação se tornou possível em face de seu art. 273, § 7º. A prova imediata será documental, pois não há fase prevista para prova testemunhal, salvo no caso da cautelar de alimentos provisionais. Para a ação de alimentos de rito especial, a alegação de companheirismo reclama, por exemplo, prova de contas conjuntas, colocação do companheiro como dependente em clubes sociais, presença do nome do companheiro em seguros de vida, contrato de união estável, documentos outros em que as partes reconheçam a configuração da união estável, contratos de locação com o nome do companheiro, pagamentos de água, luz, despesas condominiais, aluguel e outras, em nome do companheiro, etc.

Não poderia ser outra a exigência legal. O rito sumário da Lei nº 5.478/68 não se coaduna com o exame em profundidade do conjunto probatório e dos fatos a serem demonstrados, indispensáveis quando se busca fixar um parentesco, um matrimônio ou um companheirismo controvertidos. A questão é por demais séria para permitir a sumariedade. Esta preocupação legislativa se reflete no art. 275, parágrafo único, do CPC. É a opinião de Waldemar Leandro.[181]

Isto significa que, se ainda não reconhecida a paternidade, voluntária ou contenciosamente, há de ser ordinário o rito da ação de alimentos. A solução, para tais casos, tem sido a propositura de ação de investigação de paternidade cumulada com ação de alimentos, ambos os pedidos tramitando pelo rito ordinário. O STF já resolvera, há muito tempo, que, havendo necessidade de pesquisa de paternidade, o rito é ordinário.[182] Não há prejuízo ao autor quanto à eventual demora na obtenção de sustento imediato, pois, se não dispõe dos alimentos provisórios da Lei de alimentos, terá a solução de cumular pedido cautelar de alimentos provisionais (art. 852 do CPC), quando é permitida justificação preliminar do alegado na inicial, com produção de prova testemunhal[183] (art. 804 do CPC); se convencido estiver o juiz, em face da justificação, ou por prova documental juntada à inicial, arbitrará mensalidade para mantença (art. 854, parágrafo único, do CPC). Não adiante empregar o mecanismo da tutela antecipada, quando inexistente prova documental, pois o rito desta espécie de tutela não contempla a possibilidade de inquirição de testemunhas (art. 273 do CPC).

Nas primeiras edições desta obra, foram imprescindíveis considerações sobre casos de filhos ilegítimos,[184] o que não mais cabem desde que a Constituição Federal de 1988 igualou todos os filhos: art. 227, § 6º. Antes,

---

[181] *Dissolução do matrimônio, alimentos e guarda dos filhos.* Edição Universitária de Direito, 1974. P. 126.

[182] RTJ 84/950.

[183] Isto, é óbvio, se a inicial não foi desde logo instruída com prova documental suficiente, o que é bem mais difícil na prática.

[184] Como é cediço, antes da CF de 1988, os filhos eram classificados em legítimos, legitimados e ilegítimos, sendo estes subdivididos em naturais e espúrios; os espúrios, por sua vez, em adulterinos e incestuosos. Hoje a doutrina apenas admite classificação em filhos matrimoniais e extramatrimoniais ou filhos havidos no casamento e havidos fora do casamento. Conf. minha obra sobre Direito de família cit., p. 79.

em face das restrições ao reconhecimento dos adulterinos, trazida pela Lei nº 883/49, havia discussões sobre até que ponto se deveria aceitar pedido alimentar por parte do filho adulterino, quando ainda não reconhecida a paternidade, o que só poderia suceder após a dissolução da sociedade conjugal.

Aliás, não é boa política judiciária, com todo o respeito, a divisão de procedimentos em ordinário e sumário ou sumaríssimo, desde que o rito ordinário ofereça, como acontece entre nós – pelo menos no plano teórico – os requisitos suficientes à rapidez procedimental. O juiz, diante de uma ação de alimentos com rito ordinário, certamente haverá de ter o bom senso de conduzi-la com celeridade, por exemplo com preferência na designação de datas. A urgência do pleito alimentar reclama tal presteza. Na verdade, somente as formalidades do rito ordinário permitem a garantia de defesa e a plena apuração da verdade real; neste caso, a lei falha ao criar o sumário ou sumaríssimo, pois deixa de garantir a todos os direitos processuais necessários, ou, então, o procedimento sumário é via eficaz de garantia dos direitos, com o que a lei, ao impor o rito ordinário para muitos casos, incorreria em medida inútil e opressora, estabelecendo caminho demorado, oneroso e custoso. Este o dilema.

Acaciano que, se o procedimento for ordinário, a regência de sua tramitação, com quaisquer incidentes, é regulada pelo Código de Processo Civil. Até por isto, predominarão, neste capítulo, os textos legais destinados ao rito sumário da Lei nº 5.478/68.

7.2. O PROCEDIMENTO NAS AÇÕES DE REVISÃO DE ALIMENTOS

Ainda que este livro seja voltado, essencialmente, à ação propriamente denominada de ação de alimentos, como antecipei, não deixo de lado ponderações importantes sobre as ações revisionais (redução, majoração e exoneração de alimentos), como também disse que o faria.

Assim, conveniente esclarecer a respeito do procedimento da ação revisional de alimentos. Na primeira e na segunda edições deste livro, sustentei caberia o rito da Lei nº 5.478/68, por se tratar, em sentido mais amplo, de uma espécie de ação alimentar. Invoquei magistério de João Claudino de Oliveira e Cruz,[185] que sustentou ser sumário o procedimento mesmo quando a sentença modificanda foi prolatada em caso de ação de alimentos com rito ordinário. Em novas reflexões sobre o tema, na terceira edição, aderi à corrente que defende a ordinariedade procedimental. Para começar, por

---

[185] Ob. cit., p. 55.

AÇÃO DE ALIMENTOS

todas as desvantagens que venho apontando para a sumariedade, com o que caberia aceitá-la somente quando posta como exceção explícita, o que, a meu ver, não se dá no caso. Em segundo lugar, na revisão não se perfazem, em geral, as condições de emergencialidade que tornam recomendável a celeridade da ação especial de alimentos. O argumento com base no art. 13, *caput,* da Lei de Alimentos, não tem a força que lhe querem emprestar. Ele não atribui o rito da ação especial de alimentos às ações que arrola: quem ousaria concluir que a ação de separação, nulidade e anulação de casamento passaram a ter o procedimento da ação de alimentos?! Aquela regra legal a outros artigos da Lei nº 5.478/68 se refere, não voltados para o procedimento em si: §§ do art. 13, arts. 15 a 23 e mais o art. 25. Se suceder urgência em imediata redução ou majoração dos alimentos, dispõe o interessado de ação cautelar atípica, sendo-lhe facultado postular liminar, ou mesmo, se a prova documental o permitir, de antecipação de tutela. Quando se trata de ação de modificação de alimentos fixados em separação judicial, de há muito o TJRS resolveu no sentido do descabimento do rito da ação de alimentos;[186] no entanto, o STJ resolveu em contrário;[187] convém esclarecer também que o STJ julgou no sentido de que, cassados alimentos provisórios pleiteados em ação revisional de alimentos, por incompatibilidade de rito, pois que foram fixados em ação de separação judicial consensual, não se acha a alimentanda impedida de lançar mão da ação cautelar de alimentos provisionais.[188] Mantenho o entendimento que expus na terceira edição citada. Contudo, forçoso reconhecer que há divergência, inclusive com prevalência atual da posição contrária. Yussef Said Cahali.[189] por exemplo, defende a idéia de que o rito da Lei nº 5.478/68 se aplica às ações revisionais: inclusive, critica acórdão do TJSP que resolveu diversamente (também cita julgamentos do TJSP neste sentido). Opta o jurista pelo rito ordinário em casos como pedido de alimentos por parte de quem os renunciou ou casos em que se deseja desconstituição de cláusula de dispensa ou de renúncia. No mesmo sentido, a opinião de Carlos Roberto Gonçalves[190] e Paulo Nader.[191] O TJRS, por sua vez, emitiu acórdão decidindo pela aplicação do rito da Lei de Alimentos ao pedido de revisão.[192] Em edições anteriores de meu livro, trouxe acórdãos que não aceitaram o rito especial para hipóteses de ação de alimentos após dispensa dos mesmos em separação consensual.[193]

---

[186] RJTJRS 57/345 e 67/209.

[187] REsp nº 33384/SP, julgado pela 4ª Turma em 05.12.1995, sendo Relator o Ministro Barros Monteiro.

[188] REsp nº 45497/SP, julgado pela Quarta Turma em 05.12.1995, sendo Relator o Ministro Barros Monteiro.

[189] Ob. cit. (Dos alimentos), 5ª ed., 2006 p. 669 e 670.

[190] *Direito civil brasileiro, volume VI: direito de família.* São Paulo: Saraiva, 2005, p. 497.

[191] *Curso de direito civil, v. 5: direito de família.* Rio de Janeiro: Forense, 2006, p. 561.

[192] Agravo de instrumento nº 70005937362, julgado pela 7ª Câmara Cível em 25.6.2003, sendo Relatora a Desa. Maria Berenice Dias.

[193] RT 491/190 e 535/161.

Interessante ainda lembrar o debate sobre o cabimento de alimentos provisórios ou provisionais em ação revisional de alimentos: a divergência existe, com alguns rejeitando a possibilidade[194] e, outros, aceitando,[195] ainda que com recomendação de extrema prudência. Tenho como certo que cabe o pedido de provisórios ou provisionais (figuras que não se identificam, como depois demonstrarei), pois seria absurdo ficar alguém, por exemplo, pagando o que manifestamente não pode pagar, ou alguém ficar recebendo valores claramente irrisórios. Anoto que, para mim, que rejeito o procedimento especial para a ação de revisão, o caso seria de alimentos provisionais, e não de provisórios, pois estes só existem na ação da Lei nº 5.478/68. De resto, o debate estaria superado pela possibilidade ampla da tutela antecipada.

Por fim, assunto de interesse, na medida em que se está falando também sobre exoneração de alimentos, diz com a exoneração do dever alimentar em função da maioridade. É necessária a ação exoneratória ou se opera, automaticamente, o cessar da obrigação? Até a 3ª ed. de meu livro, optei pela segunda hipótese, mesmo reconhecendo a existência de acórdãos que afirmavam permanecer a obrigação alimentar do pai, enquanto o filho estivesse estudando em nível compatível com sua faixa etária. Altero minha convicção. Convenci-me dos argumentos da posição contrária. Tudo recomenda que o pai continue a pagar os estudos do filho, desde que sem exageros ou abusos deste. Destarte, até por elementar praticidade, não haveria por que cessarem automaticamente os alimentos com a maioridade, forçando o filho a ter de ajuizar ação de alimentos. Hoje esta é a orientação largamente dominante na jurisprudência. Esta tese começou a prevalecer há bastante tempo nos tribunais.[196] Como se sabe, os tribunais tendem a adotar a idade máxima de 24 anos, por analogia com a lei do imposto de renda, que admite a dependência do filho até esta idade. Porém, já vi acórdãos que foram além na idade, por peculiaridades do caso concreto, como é o caso do maior prolongamento dos cursos de medicina, e, eventualmente, pela realização de algum curso de pós-graduação que se mostre conveniente. Evitem-se, contudo, os abusos, mais prováveis em uma época em que imperam as pós-graduações, com pessoas que nunca param de estudar e vão para pós-doutorados. Já temos cidadãos se intitulando pós-pós-doutor. Até onde

---

[194] RT 517/54.

[195] Yussef Said Cahali, Dos alimentos cit., p. 673 e 674. Há pouco noticiei acórdão do STJ acatando provisionais em ação revisional. O TJRS também aceitou redução provisória dos alimentos em ação revisional: Agravo de instrumento nº 700175353103, julgado pela 7ª Câmara Cível em 28.02.2007, sendo Relator o Des. Sérgio Fernando de Vasconcellos Chaves.

[196] Exemplo de acórdão antigo a respeito: RJTJRS 76/368. Exemplos mais atuais: a) Apelação cível nº 70019668219, julgada pela 8ª Câmara Cível do TJRS, em 14.06.2007, sendo Relator o Des. Luiz Ari Azambuja Ramos; b) HC nº 55065/SP, julgado pela Terceira Turma do STJ em 10.10.2006, sendo Relator o Ministro Ari Pargendler; c) AgRg na MC 12032/DF, julgado pela Terceira Turma do STJ em 06.02.2007, sendo Relatora a Ministra Nancy Andrighi.

vai isto? Qualquer dia teremos pós-pós-pós-pós- etc. doutor (...) A pessoa que tenha o pós que quiser, mas pretenda ser sustentada pelos pais.

7.3. O ACORDO OU CONCILIAÇÃO NA AÇÃO DE ALIMENTOS

A Lei nº 968, de 10 de dezembro de 1949, estabeleceu a fase preliminar de conciliação ou acordo nas causas de desquite litigioso (hoje separação judicial litigiosa sanção) ou de alimentos, inclusive os provisionais. A tentativa de conciliação ou acordo era realizada antes de ser despachada a inicial; havendo êxito, os papéis seriam devolvidos às partes.

No tocante às ações de alimentos, cujo procedimento é dado pela Lei nº 5.478/68, revogada está a Lei nº 968/49. As tentativas de acordo são explicitamente reguladas pela Lei mais recente: art. 9º, *caput*, e 11, parágrafo único. Como se vê, estão previstas para a audiência de conciliação, instrução e julgamento. Surgida a Lei de Alimentos, a doutrina opinou pela revogação referida.[197] Note-se que são duas as tentativas de acordo, segundo a Lei de Alimentos: uma ao início da audiência de conciliação e julgamento e a outra ao final. É preciso cuidado por parte do magistrado neste particular, pois acórdãos já anularam audiências por falta de renovação de proposta de conciliação ao final daqueles atos.[198]

Antes me manifestei (edições anteriores deste livro) no sentido de que, para a ação de alimentos com rito ordinário, prosseguia aplicável a Lei nº 968/49. Reconsiderei e penso que não é mais assim, em face do Código de Processo Civil de 1973. Sendo ordinário o rito, cabe aplicar a lei processual geral. O art. 331 do CPC prevê audiência, na fase inicial do processo, destinada à transação ou à conciliação. Aliás, o juiz pode, a qualquer tempo, conciliar as partes: art. 125, IV, do CPC. Além disto, a lei processual prevê tentativa de conciliação ao início da audiência de instrução e julgamento: art. 447 do CPC; o parágrafo único do art. 447 explicitamente alude às causas relativas à família.

7.4. PETIÇÃO INICIAL

É tema digno de comentário especial somente dentro do regime da Lei nº 5.478/68, visto que nada há para ressaltar quando ordinário for o procedimento, na medida em que aí valem as regras do Código de Processo Civil.

---

[197] a) Waldemar Leandro, ob. cit., p. 131; b) Lourenço Mário Prunes. *Ações de alimentos.* Sugestões Literárias S. A., 1976, p. 186.

[198] Yussef Said Cahali: ob. cit. (5ª ed., 2006), p. 582.

O credor de alimentos tem a faculdade de comparecer pessoalmente a juízo, desacompanhado de advogado, formulando até mesmo simples postulação verbal, fornecendo as informações e provas especificadas no art. 2º da Lei nº 5.478/68. Se verbal a reclamação, o juiz mandará seja reduzida a termo. Neste seria o ideal se já constasse o nome do defensor dativo nomeado pelo juiz. Se a parte apresentar por escrito sua solicitação, o juiz despachará, efetuando a nomeação daquele defensor. Lavrado o termo ou despachada a petição, cumpre ao escrivão comunicar ao advogado sua designação.

A petição inicial, assinada por advogado desde o princípio do feito, conterá os requisitos do art. 3º, *caput,* da Lei de Alimentos. Dificilmente, todavia, deixará o causídico de atender ao art. 282 do CPC, em sua plenitude. Igual petição inicial será diligenciada pelo defensor dativo, no prazo de 24 horas que se seguir à sua intimação da nomeação pelo juiz. Note-se que o art. 3º, § 1º, cita, impropriamente, em "dentro de 24 horas da nomeação"; é óbvio que importa é o instante em que o escrivão intima o advogado.

Importante observar que se tem entendido não é requisito da inicial a indicação do quantitativo dos alimentos pretendidos pelo autor.[199]

O deferimento da gratuidade de justiça é de plano, bastando a afirmação de pobreza do autor, que se presume verdadeira até prova em contrário. Igual benefício se dirige à parte ré. A malícia é punida com pagamento de valor fixado pelo juiz e que tem por limite o décuplo das custas processuais: art. 1º, § 2º. O § 4º do art. 1º dispõe que a impugnação do direito à gratuidade será procedida em autos apartados, sem suspensão do curso do processo de alimentos.

O art. 16, parágrafo único, da Lei nº 1.060, de 5 de fevereiro de 1950, dispõe: "o instrumento de mandato não será exigido quando a parte for representada em juízo por advogado integrante de entidade de direito público incumbido, na forma da lei, de prestação de assistência judiciária gratuita, ressalvados: a) os atos previstos no artigo 38 do Código de Processo Civil; b) o requerimento de abertura de inquérito por crime de ação privada, a proposição de ação penal privada ou o oferecimento de representação por crime de ação pública condicionada".

Interessante lembrar que, quanto ao valor da causa, a regra está posta no art. 259, inciso VI, do CPC.

7.5. O ART. 4º, PARÁGRAFO ÚNICO, DA LEI Nº 5.478/68: A PARTICIPAÇÃO NA RENDA LÍQUIDA DOS BENS COMUNS

Este importantíssimo artigo nem sempre é lembrado pelos profissionais do direito. Contempla a possibilidade, no regime de comunhão uni-

---

[199] Yussef Said Cahali, em Dos alimentos cit., p.792.

versal de bens, de o juiz fixar, para pagamento ao autor, percentual sobre a renda líquida dos bens comuns, administrados pelo réu.

Porque a matéria é associada aos alimentos provisórios, pelo dispositivo legal, alguns confundem esta verba com aqueles alimentos. São valores de natureza distinta, e a confusão pode ser grave. Yussef Said Cahali, citando Nestor José Forster, assinala que aquelas rendas não se confundem com alimentos.[200] Belmiro Pedro Welter acompanha este ensinamento.[201] O TJRS indicou que renda líquida dos bens comuns não se confunde com alimentos (aliás, o acórdão advertiu que a soma das duas verbas não pode provocar desequilíbrio na relação patrimonial das partes; se houver desequilíbrio, descabe a cumulação de valores);[202] penso que este acórdão deixou claro que, como não se confundem os alimentos provisórios com a participação na renda dos bens comuns, é induvidoso que ambas as verbas podem ser cumulativamente solicitadas pelo que precisa de alimentos, devendo somente o juiz ponderar os valores para que o alimentado não termine recebendo em excesso, com prejuízo do alimentante. O STJ, exatamente porque alimentos não se confundem com a participação na renda líquida dos bens comuns, concedeu hábeas-córpus em caso no qual se decretou prisão civil do devedor de alimentos porque não pagou aquela renda líquida.[203]

A lei fala em "parte da renda líquida dos bens comuns". Penso que esta parte corresponde à metade da renda líquida. Não há como ser diferente, pois que, se o bem é comum, deve sim cada cônjuge auferir a metade do rendimento correspondente. A dificuldade prática pode consistir na apuração do valor. Quando, por exemplo, são imóveis alugados, é fácil a apuração. Em outros casos, de indeterminação do valor, não haverá como escapar de um procedimento prévio de cálculo daquela renda líquida, quando, analogicamente, serão utilizados os critérios de liquidação de sentença previstos no art. 475 do CPC; nesta hipótese, a complexidade procedimental recomenda que se empregue, por analogia com o art. 13, §1º, parte final, da Lei nº 5.478/68, o processamento em apartado.

Tema pouco versado na doutrina, é a estranha restrição legal de só ser possível obter parte da renda líquida dos bens comuns quando o regime de bens do casamento for o da comunhão universal. Por que não aceitar o mesmo na comunhão parcial, no que diz respeito aos bens comuns onerosamente adquiridos durante a constância do casamento (aqüestos)? Rolf Madaleno, citando Edgard de Moura Bittencourt, se rebela contra aquela

---

[200] *Dos alimentos.* 5ª ed. São Paulo: Revista dos Tribunais, 2006, p. 322.

[201] *Alimentos no código civil.* Porto Alegre: Síntese, 2003, p. 148 e 149.

[202] Agravo de instrumento nº 70007065436, julgado pela 7ª Câmara Cível em 05.11.2003, sendo Relator o Des. Luiz Felipe Brasil Santos.

[203] HC 34049/RS, julgado pela Terceira Turma em 14.06.2004, sendo Relator o Ministro Carlos Alberto Menezes Direito.

restrição.[204] Penso que se deva estender aquela parte da renda dos bens comuns também para o regime da comunhão parcial, no respeitante dos bens comuns. Em primeiro lugar, provavelmente a Lei nº 5.478/68 foi restritiva porque, quando editada, o regime legal de bens no Brasil era o de comunhão universal, ou seja, na grande maioria dos casos o credor de alimentos estaria beneficiado pela parcela de renda dos bens comuns; desde a Lei nº 6.515/77, é diferente, pois o regime legal passou o a ser o da comunhão parcial. Argumentação mais relevante, e, segundo lugar, passa por perceber que não há nenhuma razoabilidade[205] em tratar diferentemente os dois regimes, no atinente aos bens comuns. Desde quando o cônjuge não merece receber desde logo renda líquida dos bens comuns apenas porque o regime é o de comunhão parcial? É preciso verificar o espírito da lei, seu escopo. A interpretação sistemática recomenda que se leve em conta também o regime da comunhão parcial, sob pena de injustiças graves e quebra da harmonia axiológica do sistema jurídico. Esta harmonia, construída a partir da Constituição Federal, é absolutamente fundamental, para a adequada interpretação e aplicação do direito. Claus-Wilhelm Canaris, com inteira correção, afirma que o sistema jurídico é "ordem axiológica ou teleológica de princípios jurídicos gerais", e acrescenta que "Também é imaginável uma correspondente ordem de valores, conceitos teleológicos ou de institutos jurídicos".[206] Não estender o benefício ao regime da comunhão parcial, quanto aos bens comuns, seria tratar desigualmente duas situações iguais. Vou além, penso que mesmo na época, 1968, não foi feliz o legislador e já deveria ter incluído qualquer hipótese de bens comuns; é evidente que, em concreto, se o postulante de alimentos tiver patrimônio particular, capaz de gerar renda, o magistrado levaria este fator em conta ao decidir.

7.6. ALIMENTOS PROVISÓRIOS E PROVISIONAIS. DISTINÇÃO. DESDE QUANDO SÃO DEVIDOS E ATÉ QUANDO. SUA ALTERAÇÃO

Já tive posição afirmando a identidade, em essência, se bem que sob o ponto de vista pragmático, das duas figuras.[207] Convenci-me da impres-

---

[204] Novas perspectivas no direito de família. Porto Alegre: Livraria do Advogado, 2000. P.83.

[205] Insisto em que utilizo a expressão com o significado da lógica do razoável, de Luis Recasens Siches: Tratado General de filosofia del derecho. 7ª ed. Mexico: Porrua, 1981, p. 660 a 664.

[206] Pensamento sistemático e conceito de sistema na ciência do direito. Lisboa: Fundação Calouste Gulbenkian, 1989, p. 280.

[207] *Ação de alimentos*. 3ª ed. Porto Alegre: Fabris, 1983, p. 49. Yussef Said Cahali, pelo menos em sede de ação de alimentos, também identificava as duas figuras, mas mudou de posição: *Dos Alimentos* cit., 5ª ed., 2006, p. 618 e 619.

cindibilidade de marcar sim a diferença, e eis outro motivo para que analise o tema.

Meu convencimento adveio da lição de Carlos Alberto Alvaro de Oliveira.[208] Como é por demais sabido, os alimentos provisórios estão na Lei nº 5.478/68 (Lei de Alimentos), e, os provisionais, no art. 852 do Código de Processo Civil (constituem a forma de a parte autora obter alimentos desde logo quando utiliza o procedimento ordinário para uma ação alimentar). Argumenta Alvaro de Oliveira que: a) os alimentos provisórios exibem feição "executiva", ou seja, constituem espécie de tutela jurisdicional executiva diferenciada (tutela executiva *lato sensu*, pois há, por força de lei, adiantamento de execução inserido no processo de conhecimento), ao passo que os provisionais têm a natureza de tutela antecipada do art. 273 do Código de Processo Civil; b) os provisórios são concedidos apenas a quem disponha de prova da relação de parentesco ou da obrigação alimentar e são fixados pelo juiz independentemente de pedido da parte, ao passo que, nos provisionais, o deferimento (o que pressupõe pedido da parte-autora) depende de juízo de probabilidade sobre o direito alegado (aparência do direito, o que não se admite na Lei de Alimentos) e o receio de lesão; este o aspecto prático que mais preocupa Alvaro de Oliveira, pois a ausência da devida distinção pode impedir os alimentos provisionais, apenas porque não atendidos os pressupostos específicos da tutela sumária especial da Lei de Alimentos; c) os alimentos provisionais são mantidos até o julgamento dos recursos ordinários (salvo revogação anterior à sentença ou se o acórdão desfavorecer o autor), enquanto os provisórios são devidos até a decisão final, inclusive julgamento de recurso extraordinário[209] (art. 13, § 3º, da Lei nº 5.478/68).

Nos alimentos provisórios, o juiz, de ofício, deve arbitrá-los, ao despachar a petição inicial, ou seja, independe de ter ou não havido pedido expresso da parte-autora. Só não será assim se o credor houver declarado que deles prescinde: art. 4º da Lei de Alimentos. Nos alimentos provisionais, o juiz não atua de ofício, e deve o interessado, na ação cautelar do art. 852, II, solicitá-los; neste caso, é lícito o deferimento em caráter liminar: art. 854, parágrafo único, do CPC.

O art. 852, parágrafo único, do CPC, merece crítica e não pode ser aplicado em sua literalidade. Os alimentos não podem ser restritos ao sustento, habitação e vestuário, além das despesas para custear a demanda.

---

[208] *A tutela de urgência e o direito de família.* 2ª ed. São Paulo: Saraiva, 2000, p. 83 a 88. Também: Carlos Alberto Alvaro de Oliveira e Galeno Lacerda. Comentários ao Código de Processo Civil; lei nº 5.869, de 11 de janeiro de 1973, volume VIII, tomo II, arts. 813 a 889. 3ª ed. Rio de Janeiro: Forense, 1998, p. 255 a 259.

[209] Alvaro de Oliveira ressalta que se discute na jurisprudência o alcance deste dispositivo legal, em caso de modificação, na sentença ou no acórdão, do quantitativo da pensão, mas prevalece o entendimento de que os provisórios só podem ser cassados depois da decisão final da causa (A tutela de urgência(...) cit., p. 87 e 88).

Carlos Alberto Alvaro de Oliveira, citando Pontes de Miranda, Ovídio Araújo Baptista da Silva e Yussef Said Cahali, corretamente ensina que os alimentos provisionais devem abranger, por exemplo, saúde, transporte, educação, instrução.[210] Segundo ele, a lei contém apenas os elementos mínimos para fixação dos provisionais.

Pelo art. 853 do CPC tem-se que: "Ainda que a causa principal penda de julgamento no tribunal, processar-se-á no primeiro grau de jurisdição o pedido de alimentos provisionais". É norma aplicável, analogicamente, aos casos regulados pela Lei nº 5.478/68, quando, eventualmente, não tenha o juiz fixado alimentos provisórios na inicial, porque deles abrira mão o autor, que depois se tornou deles necessitado, quando em segunda instância o feito.

Tenho que, também por analogia, é permitida a utilização do art. 4º, parágrafo único, da Lei nº 5.478/68, para as situações de alimentos provisionais.

Os alimentos provisórios e provisionais são devidos desde a data da decisão que os fixou. Houve época na qual entendi que o débito surgia com a citação, até em função do art. 13, § 2º, da Lei nº 5.478/68. Repensando a matéria, reformulei minha opinião, conforme expus na 3ª ed. desta obra. As peculiaridades especialíssimas da prestação alimentar exigem que se resolva o problema desta forma, visto que se trata de obrigação relacionada à própria sobrevivência do ser humano ou à sua vida com dignidade; cabe, inclusive, a interpretação sistemática, com envolvimento da Constituição Federal, quando esta empresta relevo máximo à dignidade humana. Yussef Said Cahali[211] admite esta exegese, apesar de sua preocupação com o art. 13, § 2º (cita acórdãos a respeito), mas recomenda cautela, reservando-se a compreensão mencionada apenas para as hipóteses nas quais o autor tenha diligenciado na citação do réu, ocorrendo manobras protelatórias deste no sentido de evitar a citação. Na edição precedente deste livro, expressei a mesma preocupação, ressaltando deve o autor providenciar com urgência na citação do demandado. Na verdade, o entendimento de retroagir, tomando em conta a decisão que fixou os alimentos, colima exatamente impedir que, por exemplo, através de manobras procrastinatórias, o acionado retarde a citação por longo tempo. Para apoio da tese exposta, serve também a expressão "desde logo", contida no art. 4º da Lei de Alimentos; ora, para os alimentos provisionais, o art. 854, parágrafo único, do CPC, emprega igual vocabulário: "(...), lhe arbitre desde logo uma mensalidade para mantença". A tese que passei a sustentar encontra base tradicional em nossa doutrina

---

[210] Carlos Alberto Avaro de Oliveira e Galeno Lacerda. Comentários ao código de processo civil; lei nº 5.869, de 11 de janeiro de 1973, volume VIII, tomo II, arts. 813 a 889. 3ª ed. Rio de Janeiro: Forense, 1998, p. 274.

[211] *Dos alimentos* cit. (5ª ed., 2006), p.630 e 631.

especializada: João Claudino de Oliveira e Cruz[212] e Nelson Carneiro.[213] Mais tarde, meu saudoso Colega de magistratura, Arnaldo Marmitt,[214] que homenageio, seguiu igual interpretação. Destaco, ademais, que o art. 13, § 2º – esta distinção é importante –, diz respeito à retroação dos alimentos definitivos, mas não dos provisórios; os provisórios são devidos desde a fixação (esta distinção foi feita pelo TJRS[215]). Nos definitivos, a falta de urgência não justifica se retroaja para período anterior à citação, mas os problemas são mais difíceis e muito debatidos, com grandes divergências, pois se pergunta até que ponto a retroação, decorrente de decisão definitiva, opera na alteração, ou mesmo exoneração, do valor dos provisórios ou dos provisionais. Mais tarde retornarei a este assunto.

Outro problema, bastante complexo, reside em saber se, concedidos os provisórios ou os provisionais antes da sentença, prevaleceriam eles, até o trânsito em julgado, se esta e/ou o acórdão derem pela improcedência da ação de alimentos, ou se ficariam automaticamente afastados (questão essencialmente legal ou técnico-jurídica). Outra dúvida consiste em saber se, reduzidos os alimentos pela sentença ou acórdão, esta redução operaria desde logo. Amostra de que não é possível subestimar a dificuldade é visível na exposição de Yussef Said Cahali, quando aparece bem o verdadeiro tumulto que cerca o assunto, com intensas divergências doutrinárias e jurisprudenciais,[216] capazes de caracterizar sério obstáculo à tentativa de sistematização.

Carlos Alberto Alvaro de Oliveira, a partir da distinção antes mencionada entre alimentos provisórios e provisionais, afirma que o art. 13, § 3º ("os alimentos provisórios serão devidos até a decisão final, inclusive o julgamento do recurso extraordinário") apenas se aplica aos primeiros. Diz ele: "A diversidade estrutural entre as duas tutelas, concedidos os 'provisionais' em razão de probabilidade e os 'provisórios' quando demonstrado inicialmente o dever alimentário, conduz, ainda, a outra conseqüência. Enquanto os alimentos antecipados ficam mantidos até o julgamento dos recursos ordinários, salvo revogação anterior à sentença ou se o acórdão

---

[212] *A nova ação de alimentos* cit., p. 54.

[213] *A nova ação de alimentos*. Rio-São Paulo: Livraria Freitas Bastos S.A., 1969, p. 122.

[214] *Pensão alimentícia*. Rio de Janeiro: Aide, 1993, p. 35 e 36.

[215] Apelação cível nº 70019140490, julgada pela 7ª Câmara Cível do TJRS em 27.06.2007, sendo Relator o Des. Sérgio Fernando de Vasconcellos Chaves. Por isto, o TJRS, em execução de provisórios fixados em investigação de paternidade, reiterou que eles são devidos a partir da decisão que os fixou e não da citação, mostrando-se impertinente a pretensão de fazê-los retroagir à data da citação: agravo de instrumento nº 70010715134, julgado em 11.05.2005, sendo Relatora a Dra. Walda Maria Melo Pierro. Também foi esta a orientação em caso no qual, majorada a verba alimentar provisória pelo TJRS, o alimentado quis que valesse desde a citação, o que foi negado pelo TJ, que ficou com a data de fixação: apelação cível nº 70017325887, julgada em 25.04.2007, sendo Relator o Des. Ricardo Raupp Ruschel.

[216] Ob. cit. (5ª ed., 2006), p. 635 a 650.

86   *Sérgio Gischkow Pereira*

desfavorecer o autor,[217] os 'provisórios' serão devidos até a decisão final, inclusive o julgamento do recurso extraordinário ou especial (Lei 5.478, art. 13, § 3º). A respeito é interessante ressaltar que, embora se discuta na jurisprudência o alcance deste dispositivo em caso de modificação, na sentença ou acórdão, do 'quantum' da pensão, prevalece o entendimento de que os alimentos 'provisórios', liminarmente concedidos, só podem ser cassados depois da decisão final da causa, inclusive do recurso extraordinário, quando transita em julgado a decisão nesse sentido".[218] Mais adiante, retornando à matéria ora em estudo, além do tema pertinente à alteração do quantitativo dos alimentos provisionais, arremata o jurista: "A alteração do 'quantum' antecipado, com a superveniência da sentença de primeiro grau, faz cair a determinação anterior, em virtude da cognição exauriente exercida pelo órgão judicial. Não haveria razão lógica ou jurídica para entendimento contrário. Para evitar qualquer dúvida, contudo, conveniente manifestação expressa do prolator da sentença a respeito do ponto, ainda mais diante da possibilidade de a tutela antecipada vir a ser modificada a qualquer tempo (art. 273, §4º). Se duas instâncias ordinárias repeliram a demanda, ou mesmo, se só o tribunal o fizer, ao prover recurso do réu, não se pode presumir, em prol do autor, a existência do 'fumus boni iuris', essencial para a eficácia da antecipação.[219] Os alimentos 'provisionais' mantêm-se, assim, até o julgamento dos recursos ordinários, mas, não, se o acórdão desfavorecer o autor. A regra do art. 13, §3º, da Lei n. 5.478/68, observe-se, aplica-se somente aos procedimentos específicos regulados por aquele diploma legal. Na antecipação o sistema é diverso e decorre de interpretação construtiva do disposto no art. 273".

Na mesma linha de pensamento, ao que parece (tenho certa dúvida, como exporei) é a posição de Belmiro Pedro Welter,[220] que, aliás, cita acórdão do qual fui Relator quando integrava o Egrégio Tribunal de Justiça gaúcho.[221] Neste julgamento, fiz a distinção, antes abordada por Carlos Alberto Alvaro de Oliveira, entre alimentos provisórios e provisionais, para concluir que o art. 13, § 3º, da Lei de Alimentos, não se refere aos segundos, mas apenas aos primeiros. Apenas causa alguma dúvida a posição do ilustre jurista quando opta pela não-distinção entre provisórios e provisionais, para fins do exame da permanência ou não das providências jurídicas em tela até

---

[217] Neste ponto cabe uma observação: ou não captei bem o raciocínio de Carlos Alberto de Oliveira, ou teria ele deixado implícito que os recursos ordinários não mantêm os provisionais caso a sentença seja desfavorável, ou teria havido, com toda a vênia, equívoco de sua parte, pois não vejo como possam permanecer os alimentos provisionais quando a sentença for pela improcedência, questão à qual retornarei.

[218] Ob. cit., p. 87 e 88.

[219] Esta nota é de minha lavra e visa a noticiar que Carlos Alberto Alvaro de Oliveira se reporta à lição de Galeno Lacerda e a acórdão do Superior Tribunal de Justiça.

[220] *Alimentos no código civil.* Porto Alegre: Síntese, 2003, p. 76 a 79.

[221] RJTJRS 179/248.

AÇÃO DE ALIMENTOS

o trânsito em julgado, pois, salvo melhor juízo e incompreensão de minha parte, precisaria ser enfrentado o artigo citado da Lei Alimentar.

Yussef Said Cahali, partindo da distinção entre alimentos provisórios e provisionais, ensina que os primeiros (inclusive quando a ação de alimentos for cumulada com ação de dissolução da sociedade conjugal), em linha de princípio, serão devidos até a decisão final, incluído o recurso extraordinário (art. 13, § 3º, da Lei nº 5.478/68), o que não acontece com os segundos, hipótese na qual sentença de improcedência do pedido alimentar deve elidir os alimentos provisionais.[222]

Mantendo a posição, antes referida, que assumi por ocasião do julgamento em nosso Tribunal (acórdão publicado em RJTJRS 179/248), oportunidade na qual defendi a tese de que não podem prevalecer os alimentos provisionais (não os provisórios da Lei Alimentar) quando a sentença é de improcedência, pois a tanto não leva a suspensividade recursal. Faço a distinção entre alimentos provisórios e provisionais, tão bem exposta por Carlos Alberto Álvaro de Oliveira. Aos provisórios é que se aplica o art. 13, § 3º, da Lei 5.478/68. Assim, quando a sentença for de improcedência da ação de alimentos, mesmo que a parte autora apele, os alimentos provisionais não mais precisam ser pagos; assim é porque: 1º) se enfocado o tema como envolvendo cautelar de alimentos provisionais, o efeito recursal é apenas devolutivo, conforme o art. 520, inciso IV, do Código de Processo Civil. 2º) Encarada a questão sob o prisma da tutela antecipada, a suspensividade recursal de nada adianta, pois a sentença foi pela derrubada daquela tutela (o art. 520, VII, do Código de Processo Civil impõe o efeito meramente devolutivo somente quando a sentença confirmar a antecipação da tutela, mas não quando rejeitar a pretensão que a amparou). Não se suspende uma negação. Se a sentença negou os alimentos, o efeito suspensivo da apelação é inútil. Teori Albino Zavascki[223] ensina que, quando a sentença julga improcedente o pedido – e, portanto, revoga expressa ou implicitamente a tutela antecipada – o efeito suspensivo do recurso não tem, por si só,[224] o condão de suspender a revogação. 3º) Não seria razoável e justo que uma tutela antecipada, concedida com base em cognição precária, prevalecesse sobre o conteúdo sentencial, constituído sobre amplo, profundo e total exame fático-probatório do litígio; basta ver como seria estranho o prosseguimento da obrigação de pagar provisionais depois de uma sentença de improcedência alicerçada em *todos* os elementos de prova, inclusive exames periciais conclusivos e bem-elaborados!

[222] *Dos alimentos* cit. (5ª ed., 2006), p. 638 e 639).

[223] *Antecipação da tutela*. 2ª ed. São Paulo: Saraiva, 1999. P.99.

[224] Atenção para a expressão "por si só", que é importante, pois, em situações excepcionais e graves, pode a parte autora obter a permanência da tutela antecipada pelo uso de remédio jurídico adequado.

Contudo, forçoso admitir persiste a existência de prestigiosa orientação em sentido diverso daquela que acima defendo. No acórdão de minha lavra, noticiei a polêmica sobre a matéria, de resto bem exposta por Yussef Said Cahali, como antes visto, que longamente arrolou várias posições doutrinárias e jurisprudenciais. Assim, por exemplo, o Egrégio Superior Tribunal de Justiça, ao decidir o REsp nº 296039/MT, julgado pela Quarta Turma em 22.05.2001, sendo Relator o Ministro Ruy Rosado de Aguiar, deliberou que "A decisão concessiva de alimentos provisionais em favor da autora da ação de dissolução da união estável, se não revogada ou reduzida – o que pode ser obtido a qualquer tempo, – permanece eficaz depois da sentença de improcedência, objeto de apelação nos dois efeitos, pelo que a autora pode promover a execução das prestações vencidas após o julgamento".[225] É verdade que o acórdão diz com união estável, mas sem dúvida seus parâmetros são aplicáveis, em princípio, a situações de alimentos provisionais. Importante ressaltar que o acórdão expressamente alude a "prestações vencidas após o julgamento"; realmente é o que torna mais significativo o decisório para o assunto ora em discussão, quando não se está discutindo a eficácia retroativa ou não, para fins alimentares, de sentença que dá pela improcedência da ação alimentar, ou seja, se ainda seria possível executar prestações provisionais vencidas, tema que levarei em consideração depois.

A orientação divergente radica sua compreensão no interesse em garantir alimentos o mais possível, na medida em que eles estão relacionados com a vida e com a vida com dignidade, valores maiores do sistema jurídico. É postura muito respeitável, mas que, como tudo na vida, deve ter seus limites.[226] Fico à vontade, pois só tenho antipatia por aqueles que fazem filhos e não os querem assumir e por aqueles que se negam a pagar alimentos. Tanto é assim que, exemplificativamente, quando juiz em vara de família nunca hesitei em ordenar prisão de devedores inadimplentes de alimentos, mesmo que eles tivessem bens para serem penhorados; na época, impetrado hábeas-córpus,[227] o Tribunal de Justiça do R. G. do Sul os concedia, pois seguia a tese da impossibilidade de prisão quando há bens penhoráveis; teimei, continuando a ordenar as prisões, assim como o Egrégio Tribunal também "teimava" e prosseguia deferindo os hábeas-córpus. Esta proteção dos alimentandos, porém, não pode se apartar de elementos básicos do direito positivo e de razoabilidade. Disse e repito: é um excesso manter os alimentos, pelo menos os vincendos, quando uma sentença, após amplo

---

[225] Fonte: DJ de 20.08.2001, p. 475 (página do STJ na Internet).

[226] Os estudiosos do Direito Constitucional sabem que até os princípios e direitos mais fundamentais são sempre relativizados e nunca absolutizados, sendo muitas vezes necessário o cotejo de valores quando há conflito entre eles, como, por exemplo, entre princípios e normas de uma Constituição Federal.

[227] Grafia recomendada pelo professor Adalberto J. Kaspary: *Habeas Verba – Português para Juristas.* Porto Alegre, Livraria do Advogado, 1994, p. 95.

e profundo exame probatório, resolveu pela improcedência. Vou repetir e enfatizar que, para casos teratológicos (grave equívoco judicial na sentença) sempre haveria solução excepcional dentro do sistema jurídico pátrio, como, por exemplo, pela utilização de pedido de tutela antecipada perante a superior instância.[228] A proteção do alimentando não pode passar por cima até dos princípios fundamentais do processo, como o de igualdade das partes, resguardo do direito de defesa, proteção ao contraditório.

Reza o art. 13, § 1º, da Lei nº 5.478/68: "Os alimentos provisórios fixados na inicial poderão ser revistos a qualquer tempo, se houver modificação na situação financeira das partes, mas o pedido será sempre processado em apartado". Esta revisão também sucede para os alimentos provisionais, por força do art. 807, *caput,* do CPC, o que é reforçado pelo art. 273, § 4º, do mesmo diploma processual civil. Aliás, por analogia, é aconselhável, a fim de evitar grave tumulto procedimental, também processar em apartado o pedido de revisão da mensalidade para mantença prevista no art. 854, parágrafo único, do CPC. Note-se que o pedido de revisão dos provisórios não é feito em ação própria, mas dentro dos próprios autos da ação de alimentos.[229]

De outra parte, é óbvio que os alimentos provisórios e provisionais podem ser alterados no instante em que o acionado demonstrar que não auferia os ganhos noticiados pela inicial. Porém, neste particular, reformulando pensamento explicitado na 3ª ed. deste livro, parece-me que a reação do réu deve ser por meio de agravo de instrumento, o que traz uma limitação temporal para aquela reação. Não há como estender no tempo a possibilidade de o réu demonstrar o erro na informação de recursos financeiros e necessidades contidos na inicial, sob pena de ser ferida a regra da preclusão. Fixados os provisórios ou a mensalidade para mantença, cabe ao réu, se inconformado, interpor agravo se instrumento, se quiser tentar a urgente modificação do valor fixado pelo juiz (seria inútil, em termos práticos, o agravo retido). O réu deve ter cuidado para não perder o prazo recursal, quando se vale de pedido de reconsideração. É evidente que tal pedido é possível, mas não suspende aquele prazo. Unicamente em face de *fatos novos,* concernentes à alteração de recursos financeiros e necessidades, é que cabe a revisão contemplada no art. 13, § 1º.

Outra dúvidas se colocam. Se a sentença resolve pela procedência da ação alimentar, mas reduz o valor dos alimentos provisionais, esta redução tem eficácia retroativa? Improcedente a ação, ainda seria possível executar os alimentos provisórios e provisionais vencidos e não cobrados?

---

[228] Willian Santos Ferreira. *Tutela Antecipada no Âmbito Recursal.* São Paulo: Revista dos Tribunais, 2000, p. 289 a 293.

[229] Apelação cível nº 70016274219, julgada pela 8ª Câmara Cível do TJRS em 21.09.2006, sendo Relator o Des. Claudir Fidelis Faccenda.

Por argumentos semelhantes aos que há pouco enumerei (ao abordar a permanência dos alimentos após a sentença de improcedência), penso que a sentença deve prevalecer, sendo que, se reduzidos os alimentos, esta diminuição deve se refletir sobre os alimentos provisionais pretéritos e é o valor da sentença ou acórdão que deve vigorar para a frente, até o trânsito em julgado. Se a sentença efetuou, presumidamente, o exame global e total de todas as provas, concluindo por valor menor de alimentos, não vejo, em termos de razoabilidade, porque não deva se sobrepor ao que era precário e provisório. O mesmo vale para os alimentos provisórios; quando o art. 13, § 3º, da Lei de Alimentos diz que os provisórios permanecem até o julgamento do recurso extraordinário, não quer isto dizer que devam permanecer no valor original, anterior à sentença ou acórdão.[230]

Yussef Said Cahali[231] assim pensa e menciona acórdãos vários sobre a matéria. O jurista critica acórdão do TJMG que entendeu de substituir os alimentos provisórios pelos definitivos somente depois do trânsito em julgado da sentença que os modificou. Em conseqüência, se reduzidos os alimentos provisórios ainda não pagos, estes só podem ser cobrados pelo novo valor. Claro que, se já pagos os alimentos provisórios ou provisionais, descabe devolução por parte do alimentado, em face do princípio da irrepetibilidade ou irrestituibilidade.

Em resumo: a regra do art. 13, § 3º, em princípio, só se aplica nos casos em que a sentença cortar totalmente os provisórios, como indica Cahali, mas desde logo salientando que a matéria também é controvertida.[232] Isto significa que podem os provisórios ser reduzidos desde logo, pela sentença ou acórdão sujeitos a recurso, mas não cortados completamente. É o que passaremos a examinar a seguir.

Se os alimentos são provisionais, evidente que não tem aplicação a regra do art. 13, § 3º, da Lei de Alimentos, e a matéria não oferece maior dificuldade. Cahali também reputa razoável o entendimento jurisprudencial de que, se não pagos os provisionais vencidos, deixam de ser devidos quando a sentença repele os alimentos.[233] Porém, reconhece inclinação adversa do STJ[234], que resolveu: "tendo a mulher obtido a concessão de alimentos provisionais, através de medida cautelar, a superveniência de sentença favorável ao alimentante, na ação principal de separação judicial, não lhe

---

[230] O TJRS afirmou que, em qualquer caso, apesar do art. 13, §3º, da Lei de Alimentos, os alimentos provisórios são substituídos pelos definitivos: embargos de declaração nº 70010532182, julgado pela 8ª Câmara Cível em 11.03.2005, sendo Relator o Des. Antônio Carlos Stangler Pereira. O STJ igualmente decidiu que os definitivos, se inferiores aos provisórios, retroagem à data da citação: REsp nº 209098/RJ, julgado pela Terceira Turma em 14.12.2004, sendo Relatora a Ministra Nancy Andrighi.

[231] Ob. cit., p. 640 a 643.

[232] Ob. cit., p. 643.

[233] Idem, p. 646.

[234] Idem, ibidem.

afeta o direito de executar as prestações vencidas e não pagas. A característica de antecipação provisória d prestação jurisdicional, somada à de irrepetibilidade dos alimentos, garantem a eficácia plena da decisão concessiva dos alimentos provisionais. Do contrário, os devedores seriam incentivados ao descumprimento, aguardando o desfecho do processo principal".

O problema maior, como já referi, está nos alimentos provisórios, em face do art. 13, §3º, da Lei nº 5.478/68. A letra deste dispositivo, segundo uma das linhas de interpretação existentes, não permite o desaparecimento dos alimentos provisórios, mesmo que a sentença ou acórdão tenham julgado improcedente a ação de alimentos, desde que ainda não tenha havido o trânsito em julgado. Obviamente, podem aqueles alimentos ser reduzidos, em face do art. 13, § 1º, da mesma Lei, mas não poderiam simplesmente desaparecer. Carlos Roberto Gonçalves[235] preconiza que tem aplicação o art. 13, § 3º, quando a ação de alimentos é improcedente. Também o fez Arnaldo Marmitt.[236] Porém, há controvérsia, como adiantei. Acórdãos reagem contra a interpretação literal e fazem desaparecer os alimentos provisórios desde logo, se a sentença ou o acórdão os negam, mesmo que sujeitos a recurso; argumentam, inclusive, com o absurdo que seria ordenar a prisão do alimentante por não-pagamento de uma verba alimentar que, em julgamento baseado em cognição plena, foi tida como não devida.[237] No entanto, Cahali cita acórdão do STJ em sentido adverso.[238] O mesmo STJ admitiu, após longa discussão, que, por aplicação do art. 13. § 3º, da Lei nº 5.478, os alimentos provisórios ficassem depositados em caderneta de poupança, conforme deliberara o magistrado de primeira instância; nos fundamentos, vê-se a intensa controvérsia, com alusão, por exemplo, ao argumento de que seria absurdo continuasse o alimentado a receber os provisórios se recebesse vultoso legado.[239]

7.7. CITAÇÃO

A citação, sobre a qual se discorrerá, é a disciplinada pela Lei nº 5.478/68. Quando ordinário o procedimento, as normas promanam do CPC.

---

[235] *Direito civil brasileiro, volume VI: direito de família.* São Paulo: Saraiva, 2006, p. 494.

[236] *Pensão alimentícia.* Rio de Janeiro: Aide, 1993, p. 41.

[237] RT 529/130, RJTJSP 79/248, entre outros. Apud Cahali, em ob. cit., p. 648.

[238] Ob. cit., p. 650.

[239] REsp nº 29.055/MG, julgado pela Terceira Turma em 14.12.1993, sendo Relator o Ministro Nilson Naves.

É prevista a citação por via postal (o art. 5º da Lei de Alimentos exaure o trato legislativo do tema), com registro e aviso de recebimento (o conhecido AR). Só se o réu criar embaraços ao recebimento da citação, ou não for encontrado, é que poderá ser utilizada a modalidade de citação por intermédio do oficial de justiça.

A citação por via postal é hoje comum em grande número de processos, desde a modificação feita pela Lei nº 8.710, de 24 de setembro de 1993, no art. 222 do CPC. Não era assim em 1968. Quis a Lei Alimentar aquela modalidade citatória a fim de agilizar o andamento da demanda de alimentos. De qualquer forma, pelo art. 222 cit., haveria problema em aplicar a citação pelo correio às ações de alimentos, pois não pode ser aplicado nas ações de estado. No entanto, como há lei especial, esta continua aplicável, ou seja, prossegue sendo lícita a citação por via postal nas ações de alimentos.

Porém, o autor deve estar muito atento para a citação por via postal, pois a experiência forense mostra diuturnos fracassos nestas tentativas citatórias. Os carteiros não são oficiais de justiça, não recebem instrução para o desempenho de tais funções e não têm qualquer interesse em se incomodar com tão árdua e perigosa tarefa. Facilmente, as cartas são entregues a qualquer pessoa, que não o citando; é verdade que o art. 223, parágrafo único, do CPC, exige que a carta seja entregue ao citando (e não a porteiros de edifício! [...]), em norma que penso seja aplicável à citação por via postal da ação de alimentos; porém, na prática nem sempre é assim. Se o demandado se mudou, não tem o carteiro dever funcional de desenvolver investigações para sua localização. Até que ponto irá o carteiro procurar o citando por várias vezes, como o faz o oficial de justiça? Irá o carteiro buscar o réu em horários pouco comuns, como o fazem os oficiais de justiça? Pode-se, em resumo, perder precioso tempo nas tentativas de citação por via postal. Veja-se que maior deve ser a atenção do acionante para evitar nulidade do feito, com entrega da carta para pessoa inadequada, como antes ressaltei. Com toda a vênia, considero de um artificialismo pasmoso presumir que o réu tomou conhecimento da citação porque o porteiro de seu edifício a recebeu; a citação é ato grave demais para que se compadeça com tais presunções; para mim, é radicalmente nula tal citação (na verdade, mais do que nulo, o processo não existe, como vimos ao examinar os pressupostos de existência da relação processual).

Se não possível a citação do réu pelos meios descritos, utiliza-se o edital, que é publicado de maneira diferente da sistemática do CPC (três vezes consecutivas no órgão oficial do Estado, e não, como no CPC: apenas uma vez no órgão oficial, com mais duas em jornal local – art. 232, III, do CPC; porém, apenas no órgão oficial quando a parte for beneficiária da Assistência Judiciária – art. 232, § 2º, do CPC).

7.8. DEFESA DO RÉU

7.8.1. O prazo para defesa

O prazo dado ao réu para se defender não pode ser inferior a dez dias, mínimo aceito como razoável para preparação de uma resposta condigna, como se percebe pelo art. 277, *caput,* do CPC, referente ao procedimento sumário. O art. 5º, § 1º, da Lei nº 5.478/68, diz que o juiz fixará prazo razoável para a defesa. Ora, tenho que, analogicamente, cabe aplicar o prazo de 10 dias mencionado

O lapso decendial será contado a partir da juntada aos autos do AR, do mandado de citação cumprido, da precatória exitosa (ou rogatória) e do término do prazo do edital (art. 241 do CPC).

Salvo quando se souber desde logo que é inevitável a citação por edital, é de se desprezar a parte final do art. 5º, § 1º, da Lei de Alimentos: se fosse o juiz sempre levar em conta a eventualidade de citação por edital, extensos e inúteis períodos de tempo seriam consumidos, contrariando-se o espírito da lei especial.

O prazo decendial é o mínimo, mas não o máximo, como é óbvio. Pelo texto da lei especial, impõe-se a conclusão de que emprega a sistemática de apresentação da defesa em audiência, como acontece com o procedimento sumário do CPC. Portanto, se, por estar com sua pauta de audiências repleta, aprazar o juiz data muito afastada, acabará o acionado favorecido com extenso prazo contestatório e também para formulação de exceções e reconvenção, enfim, para sua defesa ou resposta.

7.8.2. O conteúdo da defesa. Reconvenção. Ação declaratória incidental

É ampla a defesa permitida ao réu na ação de alimentos, quer na de rito ordinário, quer na de procedimento sumário. Pode empregar a defesa indireta processual, a defesa indireta de mérito e a defesa direta de mérito. Tem o direito de formular contestação e exceção. Apenas há problemas no que diz com a reconvenção e com a ação declaratória incidental, que serão depois consideradas. Pela sistemática da Lei nº 5.478/68, o intento é de que a defesa se concentre na audiência. O termo *contestação,* empregado no art. 5º, parágrafo único, reveste-se de significado não estrito, mas compreensivo de todas as modalidades de defesa, como antes exposto, com ressalvas para a reconvenção e a ação declaratória incidental. Tanto é assim que a Lei nº 6.014, de 27.12.1973, em seu art. 4º, ao dar nova redação ao art. 9º da Lei nº 5.478/68, substituiu o vocábulo *contestação* por *resposta.* Nem seria perspicaz outra interpretação, sob pena de advir a absurda conclusão de inadmissibilidade de exceções. Daí brota a ilação de as exceções serem apresentáveis também em audiência.

A reconvenção não foi proibida nas ações de alimentos, nem pela Lei de Alimentos e nem pelo CPC. No entanto, a doutrina, em parte, a vem admitindo, para a ação de alimentos propriamente dita, apenas quando tramita pelo rito ordinário; outros doutrinadores nunca a aceitam, qualquer que seja o rito. Diferente é quando se trata de ação de revisão ou de exoneração, hipótese em que aquela restrição é atenuada ou não opera, novamente divergindo os estudiosos. Sérgio Gilberto Porto acata a reconvenção quando a ação de alimentos tem procedimento ordinário e quando se cogita de ação revisional ou de ação de exoneração;[240] porém, ressalva que não pode ser invocada a compensação, por impedimento de direito material (art. 1.707, segunda parte, do Código Civil). Lourenço Mário Prunes, citando também opinião de Luís Antônio de Andrade, não vê incompatibilidade da ação de alimentos com a reconvenção.[241] A jurisprudência oscila, por vezes rejeitando a reconvenção, sob o argumento de que ela não poderia existir em procedimentos sumaríssimos e/ou porque em matéria alimentar a compensação não é permitida, ou, então, a permite somente quando ordinário o procedimento.[242] O primeiro argumento foi em parte superado, porque o CPC foi modificado, para, no antigo procedimento sumaríssimo, hoje denominado de sumário, admitir que o réu, na contestação, possa formular pedido em seu favor: art. 278, § 1º;[243] de resto, como raciocinou Sérgio Gilberto Porto, o procedimento da ação especial de alimentos não era o procedimento sumaríssimo do CPC; aliás, como aludi, este diploma processual não mais emprega o nome "sumaríssimo", mas sim "sumário", como se vê no seu Livro I, Título VII, Capítulo III. O segundo argumento não resiste à crítica, pois, como aponta Gildo dos Santos,[244] "a compensação não é o único

---

[240] *Doutrina e prática dos alimentos.* 2ª ed. Rio de Janeiro: Aide, 1991, p. 88 a 90. Observo que tentei localizar edição mais recente do excelente trabalho do ilustre jurista, mas fui informado que a obra está esgotada.

[241] *Ações de alimentos.* Sugestões Literárias S.A., 1976, p. 183.

[242] Yussef Said Cahali, em ob. cit. (5ª ed., 2006), p. 577 e 578. O TJRS admitiu a reconvenção independentemente do rito adotado, no Agravo de Instrumento nº 700007550711, julgado pela 7ª Câmara Cível em 12.04.2000, sendo Relator o Des. Luiz Felipe Brasil Santos. No entanto, a posição foi diferente em acórdão relatado pelo Des. José Carlos Teixeira Giorgis: Agravo de Instrumento nº 70000421719, julgado pela 7ª Câmara Cível em 22.03.2000; neste caso se tratava de uma ação de oferta de alimentos, e, seguido que foi o rito da Lei nº 5.478.68, o Relator entendeu que descabia reconvenção, em razão da similitude com as ações sumaríssimas. Em outro julgado, o TJRS assim deliberou: "Não é possível o pedido de exame de DNA em sede de reconvenção à ação de alimentos, pois nesta se está tão-somente a tratar da obrigação alimentar, não cabendo buscar a sua desconstituição" (Agravo Interno nº 70012818290, julgado pela 7ª Câmara Cível em 09.11.2005, sendo Relatora a Desa. Maria Berenice Dias.

[243] Disse que o argumento foi superado em parte porque o pedido do réu, feito na contestação, não se confunde propriamente com a reconvenção, na medida em que ensina Arruda Alvim (ob. cit., vol. 2, p. 323) haver diferença entre as duas figuras, pois: a) o termo "reconvenção" não consta no art. 278, § 1º; b) este dispositivo exige que o pedido do réu seja baseado "nos mesmos fatos referidos na inicial", enquanto o art. 315 do CPC aceita conexão com os fundamentos da defesa, o que dá maior amplitude ao proceder reconvencional.

[244] *Apud* Yussef Said Cahali, em ob. cit., p. 578.

direito a constituir objeto da ação reconvencional". O problema real reside em divergência de procedimentos, ou seja, entre o rito especial da ação de alimentos e o rito ordinário de uma reconvenção; estará superado, porém, se o procedimento seguir o rito ordinário. Este o enfoque correto posto por José Joaquim Calmon de Passos,[245] ao assinalar que "a reconvenção reclama identidade procedimental entre a ação principal e a ação reconvencional". Acrescenta ele que "Não fosse esse obstáculo e seria possível na ação de alimentos reconvir-se com a negação da paternidade, por exemplo, ou reconvir-se, inclusive, com pedido de alimentos, provando-se não ter o réu condições de prestar os alimentos, como igualmente deles carecer, encontrando-se o autor em situação que lhe permite fornecê-los. Nesses casos, haveria a conexão reclamada pelo art. 315". Um destes exemplos de José Joaquim, no entanto, merece reparos: por que não acatar a reconvenção em que o réu pede alimentos, se se emprestar a este pedido também o rito sumário da Lei de Alimentos?

E no respeitante à ação declaratória incidental? Inicialmente, anote-se que o assunto foi simplificado em face da igualdade dos filhos, implantada pela Constituição Federal de 1988, em seu art. 227, § 6º (o que não acontecia quando das primeiras edições deste livro). A antiga classificação consistia em dividir os filhos em legítimos, legitimados e ilegítimos; estes eram subdivididos em naturais e espúrios, e, os últimos, em adulterinos e incestuosos; tudo isto deixou de existir, e tais expressões são proibidas em documentos públicos. Pois bem, entendo que só é cabível a ação declaratória incidental quando for ordinário o rito da ação de alimentos. Aliás, é a posição de Sérgio Gilberto Porto,[246] que argumentou, para mostrar ser inadmissível a declaratória no rito especial da Lei nº 5.478/68, com a exigência, contida naquela Lei, de que deve haver prova pré-constituída da obrigação alimentar e com a limitação de provas do referido diploma legal, que só aceita três testemunhas (art. 8º). Segundo ele, se inquinado de falso, por exemplo, o registro de nascimento, tem aplicação os arts. 390 e seguintes do CPC (argüição de falsidade), e não a declaratória incidental. Com efeito, se o réu põe em dúvida o parentesco, a relação conjugal ou a união estável, alegados na inicial da ação de rito especial, poderia parecer, à primeira vista, viável a declaratória incidental, quer pelo autor, quer pelo réu, visando à feitura de coisa julgada em torno da relação controvertida. Porém, assim não é. Dir-se-ia: mas nem se o registro não resultou de provimento judicial, caso em que seria, em tese, cabível a ação declaratória autônoma, visando à declaração de nulidade do registro gerado do pretenso liame familiar? Não. E aí porque questões de tal gravidade e relevância não são compatíveis com a brevidade do rito da Lei nº 5.478/68 e com o forte estreitamento probatório, consubstanciado na limitação do número de testemunhas. A pretensão

---

[245] *Comentários ao Código de Processo Civil, Lei nº 5.869, de 11 de janeiro de 1973, vol. III: arts. 270 a 331.* 8ª ed. Rio de Janeiro: Forense, 1998, p. 317 e 318.

[246] Ob. cit., p. 72 e 73.

declaratória terá de ser ajuizada independentemente da ação de alimentos. Há também a hipótese de declaratória incidental colimando reconhecimento de nulidade de acordo de desquite, separação amigável ou divórcio amigável, quando invocável o art. 486 do CPC; permanece rejeitável a ação declaratória incidental, pelo motivo apontado antes: a limitação probatória, que não recomenda, em absoluto, o surgimento do efeito da coisa julgada em matérias de tamanha repercussão social.

Oposta exceção, o rito a ser seguido, com as devidas adaptações à Lei nº 5.478/68, é o do CPC (arts. 304 a 314), mesmo no regime da lei especial. Não importa implique suspensão do processo. Uma maior parcela de tempo despendido é compensada pelo fato de estar o autor auferindo alimentos provisórios. Pior para o autor seria a posterior nulificação do processo. É óbvio que pode o autor desistir dos prazos para responder à exceção, possibilitando o imediato prosseguimento do feito.

7.9. IMPUGNAÇÃO AO VALOR DA CAUSA

O valor da causa, na ação de alimentos, é calculado por forma explicitada em lei: art. 259, inciso VI, do CPC. No entanto, os tribunais não vêem com rigor o tema, acatando valor meramente estimativo, de sorte que não delimite o valor que vier a ser tido como necessário, segundo os recursos do alimentante, após colhida a prova.[247]

Nada desaconselha o processamento do incidente de impugnação ao valor da causa nos moldes traçados pelo art. 261, *caput*, do CPC. A impugnação será autuada em apenso e sobre ela terá o autor o prazo de cinco dias para se manifestar. O incidente não suspende a tramitação da ação de alimentos. Esta não-suspensividade torna perfeitamente conciliáveis a impugnação, conforme regida pelo CPC, com a sumariedade do rito da Lei nº 5.478/68. A impugnação é equacionável sem paralisação da causa principal, pois a alteração do valor não desloca a competência e nem modifica o procedimento.[248]

7.10. MINISTÉRIO PÚBLICO E CURADOR ESPECIAL

A participação do Ministério Público é inarredável, diante do art. 82 do CPC. Em qualquer ação de alimentos tem incidência o inciso II, pois,

---

[247] Yussef Said Cahali, em ob. cit., p. 549.

[248] A respeito do procedimento, é diverso o que ocorre no procedimento sumário do CPC, como se vê no art. 275, inciso I.

como vimos, trata-se de ação de estado. Além disto, se, por exemplo, os autores são filhos menores, ainda opera o inciso I. Ainda operam os arts. 9º, *caput* e § 1º, e 11, da Lei nº 5.478/68.

Portanto, já ao despachar a inicial, o juiz ordenará a intimação do Ministério Público, no tocante à data aprazada para a audiência. Nas duas primeiras edições desta obra, sustentei a possibilidade de nomeação de promotor *ad hoc*, com fundamento em aplicação analógica do art. 142 do CPC e reportando-me ao magistério de José Frederico Marques,[249] em caso de ausência do Ministério Público na audiência, desde que, a toda evidência, tenha sido intimado ou não tenha apresentado motivo justificado para a falta (a aceitação de justificativa do Ministério Público tem base em analogia com o art. 453, II, do CPC). Na 3ª edição, contudo, alterei aquele entendimento, em decorrência de inovação legislativa, pois foi proibida a nomeação de promotor *ad hoc*, consoante o art. 55, *caput,* da Lei Complementar nº 40, de 14 de dezembro de 1981, que estabeleceu normas gerais a serem adotadas na Organização do Ministério Público estadual. Diz o dispositivo em tela: "É vedado o exercício das funções do Ministério Público a pessoas a ele estranhas". A única exceção é aberta no parágrafo único do art. 55 e diz com processos de habilitação para casamento civil, instaurados fora da sede do juízo; mesmo aí, a designação é feita pelo promotor de justiça, com autorização do Procurador-Geral. Não mais sendo lícita a utilização de *ad hoc*, resta ao juiz, se não configuradas as hipóteses ventiladas de não-intimação ou de não-justificação, desenvolver a audiência sem presença do Ministério Público, adotando-se orientação de que importa é a intimação prévia para o ato processual, não sendo obrigatório o comparecimento, ou seja, a falta não provoca nulidade, desde que a intimação tenha sido corretamente diligenciada e efetuada.

Igual conduta (realização da audiência desde que tenha sido intimado quem deva sê-lo) é adotada quando exigida a nomeação de curador especial (art. 9º do CPC).[250] Aqui, porém, deparamo-nos com uma dificuldade: hipóteses nas quais apenas surge a necessidade de nomeação de curador especial em audiência; por exemplo, para o revel citado por edital: a revelia só será constatável no instante da audiência. O juiz suspenderá este ato processual, para as diligências imprescindíveis à introdução, na relação processual, do curador. Para ser de outra maneira, só se o juiz, no momento da audiência, localizar quem se disponha a funcionar imediatamente, entendo-se capaz, sem prévio e mais alongado exame dos autos, de participar produtivamente dela, certamente porque, em virtude da simplicidade da lide, no caso concreto, ou por dotado de privilegiada capacidade intelectual e cultural,

---

[249] *Instituições de direito processual civil.* 3ª ed. Rio de Janeiro: Forense, 1967. Vol. III, p. 387.

[250] O curador não precisa ser advogado, mas terá de contratar profissional; o mais fácil é nomear desde logo um advogado. É o ensinamento de Celso Agrícola Barbi: Comentários ao Código de Processo Civil, Lei nº 5.869, de 11 de janeiro de 1973, vol. I. Rio de Janeiro: Forense, 1998, p. 88.

tem condições de assimilar, com presteza, as questões controvertidas. Há o perigo de sofrerem os interesses do que deve ser submetido à curatela especial se, às pressas, em minutos, se escolhesse alguém e se o compromissasse como curador especial, reclamando seu trabalho em atos em pleno desenvolvimento. Ainda no alusivo à solução alvitrada, de se encontrar curador capaz de intervenção pronta, acrescento que ela se condiciona à negativa do mesmo em produzir prova; em caso contrário, é muito provável venha a pedir prazo para estudar os autos. São problemas causados pelo procedimento sumário da lei especial, pois, na vida ordinária, não há tais dificuldades.

7.11. INTERVENÇÃO DE TERCEIROS

O instituto da intervenção de terceiros, como disciplinado no Capítulo VI, Título II, Livro I, do Código de Processo Civil, em princípio, não tem guarida, a meu pensar, na ação de alimentos, independentemente do procedimento; após farei alguma ressalva a esta asserção. Diferente é no caso do art.1.698, segunda parte, do Código Civil, quando a doutrina considera existe uma forma *sui generis* de intervenção, como vimos no Capítulo 2, ao se abordar o direito material; é uma forma de intervenção de terceiros não incluída em nenhuma daquelas previstas no CPC. Sobre o chamamento para integrar a lide, previsto no art. 1.698, sem dúvida provocará grande transtorno na ação de alimentos, pois o réu só o invocará, é óbvio, quando contestar a ação, ou seja, em audiência, o que significará designação de outra data para prosseguimento da dita audiência; inegável o retardamento na tramitação do feito, o que só não prejudicará o autor porque este já terá obtido os alimentos provisórios. De qualquer forma, fácil perceber os transtornos produzidos por uma multiplicidade de réus, enquanto o autor apenas promoveu a demanda contra um deles; amplia-se muito a possibilidade de incidentes processuais. Interessante relembrar que, no Capítulo 2, noticiei a existência de posição doutrinária que confere interpretação diferente ao chamamento para integrar a lide, sustentando que é faculdade do autor e não do réu; mesmo que assim seja, o fato é que o processo se tumultua, só que, nesta hipótese, o autor não pode reclamar da demora, pois ele é que terá dado ensejo ao problema.

Dúvida surge no caso da oposição (art. 56 do CPC). No entanto, também sustento que não é cabível em ação de alimentos. Não há como vislumbrar um terceiro com pretensões dirigidas à prestação alimentar controvertida. Se um terceiro se achar com direito a alimentos, tendo-se como credor do réu, o será por direito próprio, mas não irá pugnar precisamente pela mesma prestação que o autor. Quando muito o terceiro tentaria aparentar a condição de assistente ou litisconsorte, porque tivesse interesse em impedir o sucesso do autor da ação de alimentos. Demonstrei alhures como nada perturba a verificação de litisconsórcio no processo correspondente à ação de alimentos. Agora complemento informando do cabimento da assistência (arts. 50 a 55 do CPC) no processo de ação de alimentos, seja qual for o rito (o que nada tem a ver com oposição): a previsão do art. 50 do CPC, por exemplo, se ajusta à esposa do cônjuge adúltero, que é portador de interesse, pelo menos moral,em que a sentença seja desfavorável ao filho extramatrimonial na ação de alimentos contra o referido genitor, ajuizada na constância da sociedade conjugal deste.

A nomeação à autoria (arts. 62 e 63 do CPC) é relacionada, exclusivamente, com: a) a indicação, pelo detentor da coisa em nome alheio, do proprietário ou possuidor da mesma, sendo-lhe esta demandada em nome próprio; b) a indicação, pelo responsável por prejuízos causados a uma coisa, do que ordenou ou deu instruções para a prática do ato danoso, quando contra aquele for intentada ação de indenização pelo proprietário ou pelo titular de um direito sobre a coisa; c) a ação de indenização intentada pelo proprietário, ou pelo titular de um direito sobre a coisa, toda vez que o responsável pelos prejuízos alegar que praticou o ato por ordem, ou em cumprimento de instruções de terceiro. Não são hipóteses que tenham a ver com assuntos alimentares.

A denunciação da lide tem lugar nos casos expressos no art. 70 do CPC, nenhum deles associado à pretensão alimentícia. O inciso III pode produzir alguma dúvida, para os que admitem que, sendo vários os obrigados aos alimentos, se só um deles for acionado, pode depois demandar os demais para obter ressarcimento do pagamento que efetua sozinho. Ocorre que, mesmo admitida tal pretensão contra os demais obrigados, será manejada em demanda própria e não dentro dos moldes da denunciação da lide. Por outro lado, se exercitada a pretensão dentro do processo, o caso é de chamamento para integrar a lide, conforme o art. 1.698, segunda parte, do Código Civil, e não de denunciação da lide.

O chamamento ao processo, por igual, se configura dentro da enumeração exaustiva do art. 77 do CPC, na qual não há como incluir, em princípio, a obrigação alimentar. O inciso III diz com débito solidário e já mostrei que não é solidária a obrigação alimentar. É verdade que o art. 12 do Estatuto do Idoso coloca como solidária a obrigação em tela em favor dos idosos. Nesta hipótese, ainda seria cogitável a incidência do inciso III do art. 77; porém assim não é pelo acórdão do Superior Tribunal de Justiça que mencionei no Capítulo 2, quando foi resolvido que a imposição de solidariedade em favor dos idosos visa beneficiá-los pela permanência, no pólo passivo da demanda, apenas do réu que o idoso escolheu.

7.12. PROVAS

7.12.1. Considerações gerais

A Lei nº 5.478/68 admite todos os meios de prova. A este diploma legal se endereçará este item, pois não há qualquer dificuldade no que tange às ações norteadas pela via ordinária.

Indaga-se até que ponto é dado cercear a produção de provas em nome da celeridade ínsita a um procedimento de cunho sumário ou sumaríssimo. Felizmente, a doutrina e a jurisprudência, de forma dominante, não discrepam em acolher todos os meios de prova. Por mais louvável o esforço de agilização de certas causas, em plano anterior e superior paira o empenho de se lograr a verdade, maior sendo, em conseqüência, a vizinhança com o valor justiça. A extensão da verdade e da justiça é inversamente proporcional ao volume dos grilhões impostos às diligências probatórias. A paz social, um dos valores máximos fundantes da experiência jurídica, dificilmente será atingida se forem cultivadas a revolta e a cólera dos injustiçados, postos tais por deficiências na busca da verdade real, através do manejo adequado dos meios de prova. As próprias notas conceituais do processo de conhecimento seriam ignoradas, se minimizada a relevância da prova. Carnelutti,[251] dissertando sobre as provas, acentua a atuação do direito por meio de pretensões, cujo valor deve ser verificado, para o que servem as provas: "Hay un tipo de proceso, el proceso de conocimiento que, en sustancia, no se propone otro objeto que esta verificación; pero también en el proceso ejecutivo es necesaria una verificación y por eso se utilizan las pruebas. Estas son así un instrumento elemental, no tanto del proceso cuanto del derecho, y no tanto del proceso de conocimiento cuanto del proceso en general; sin ellas el derecho no podría, en el noventa y nueve por ciento de las veces, conseguir su objeto". Com idêntica preocupação, Sérgio Gilberto Porto[252] afasta por completo "a possibilidade do rito especial da Lei de Alimentos influir na formação da prova. As ações alimentares, por conseguinte, merecem uma ampla investigação probante, pois em sendo nestas a cognição plenária não há razão para que se imponha qualquer restrição na arrecadação da prova e na busca da 'verdade verdadeira'".

Já basta que a Lei Especial limitou a três o número de testemunhas para cada uma das partes: art. 8º.

Se o esclarecimento dos fatos depende de prova pericial, por exemplo, concretize-se a perícia.

Se é subordinado à inquirição de testemunha que, residente fora do foro competente, se nega a comparecer na audiência, expeça-se precató-

---

[251] Sistema de derecho procesal civil. Uteha Argentina, 1944. Vol. II, p. 399.

[252] Ob. cit., p. 55.

ria inquiritória.[253] Belmiro Pedro Welter[254] acrescenta que, se a testemunha se recusar ao comparecimento, e seu depoimento for necessário, o juiz, a requerimento da parte, pode determinar sua intimação e condução coercitiva. Yussef Said Cahali,[255] citando acórdão, aceita a precatória inquiritória, mas ressalvando que o pedido para tal carta "deverá ser feito no período compreendido entre a citação e a designação da audiência ou no prazo a que se refere o art. 407 do CPC, c/c o art. 27 da Lei 5.478/68". Vê-se como é imperativa a moderação e fundamental a lógica do razoável,[256] quando se interpreta o art. 8º da Lei 5.478/68, no pertinente à prova testemunhal. Demais, volto a frisar, a lentidão no andamento dos processos se deve, antes de tudo, ao emperramento da máquina judiciária, pelo excesso absurdo de serviço e por manobras protelatórias das partes, e não à seqüência de atos constitutivos do procedimento ordinário.

7.12.2. Depoimentos pessoais

As partes deverão estar presentes na audiência, como comanda o art. 6º. Serão obrigatórios seus depoimentos pessoais? Nelson Carneiro responde afirmativamente.[257] Discordo. Não é plausível quisesse a Lei nº 5.478/68 quebrar todo o sistema, unissonamente aclamado, vigorante no país, de não estabelecer a lei meios de prova obrigatórios. Seria um retorno ao fustigado método medieval de prova tarifada (sistema da prova legal). As provas ou são requeridas pelos interessados ou são determinadas, de ofício, pelo juiz. É inadmissível serem os participantes da relação processual obrigados a escutar depoimentos nos quais possam não ter qualquer interesse.[258]

7.12.3. Documentos

Levando em conta a Lei nº 5.478/68, qual o momento para juntada de documentos?

Pela leitura do art. 2º, § 1º, da lei referida, vê-se que o instante para o autor apresentar os documentos, com os quais almeja provar suas alegações, é com o pedido inicial, salvo as exceções dos incisos I e II. Note-se a diversidade de terminologia do §1º citado em comparação com o art. 283 do CPC. Este quer nos autos, desde logo, os documentos indispensáveis.[259]

---

[253] Este é também o entendimento de Sérgio Gilberto Porto: ob. cit., p. 55.

[254] *Alimentos no código civil.* Porto Alegre: Síntese, 2003, p. 91.

[255] Ob. cit., p. 586.

[256] Refiro-me à lógica do razoável conforme explanada por Luis Recasens Siches: *Tratado general de filosofia del derecho.* 7ª ed. México: Porrua, 1981, p. 660 a 664.

[257] Ob. cit., p. 100.

[258] No entanto, Yussef Said Cahali, apesar de também não concordar com Nelson Carneiro, informa que há jurisprudência a favor da posição deste: ob. cit., p. 585.

[259] Ou seja, o documento necessariamente fonte de prova, única modalidade probatória admissível. Exemplo: instrumentos pertinentes à constituição de direitos reais.

Aquele é mais rigoroso: quaisquer documentos devem de início ser juntados pelo autor, ressalvadas as exceções legais. Portanto, com a inicial são anexados aos autos também os documentos fundamentais (mencionados na inicial como provas das assertivas nela lançadas) e outros quaisquer documentos probatórios. O réu juntará seus documentos com a defesa: art. 8º da lei especial, quando ordena apresentação das "demais provas". É o tratamento igualitário das partes: ambas devem concentrar a produção dos documentos que lhes interessem.

Todavia, não deve ser literal a interpretação. Não podem ser tidas como taxativas as exceções dos incisos I e II do § 1º do art. 2º. Outras prerrogativas têm as partes para apresentar documentos fora dos momentos da petição inicial e da defesa. São exceções de remansosa justiça e bom-senso, reconhecidas pela doutrina e pelos tribunais. São elas: a) quando os novos documentos se destinam a fazer prova de eventos ocorridos depois dos articulados (art. 397 do CPC); b) quando visarem à contraposição a documentos produzidos nos autos (idem); c) quando se trata de fazer prova contrária à produzida pelo adversário, qualquer que seja esta;[260] d) quando o juiz usar do poder conferido pelo art. 130 do CPC (nunca esquecer o art. 27 da Lei 5.478/68).

Discute-se sobre a incidência do art. 398 do CPC. Pego o autor de surpresa pelos documentos trazidos pelo réu, ser-lhe-ia concedido o prazo de cinco dias para sobre eles se manifestar? Teria o réu igual direito ao prazo, se for permitida juntada de documento pelo autor já em audiência? Em princípio, não entendo se deva negar o prazo para qualquer das partes. Já ressaltei como o autor é prejudicado pelo fato de só tomar ciência da defesa do réu em audiência; agravado estaria o prejuízo se nem sequer tivesse oportunidade de examinar, não apenas perfunctoriamente, os documentos anexados com a defesa. Problema semelhante prejudicaria o demandado. Em nome da rapidez procedimental, não se pratique o absurdo de julgar o feito com base, por exemplo, em documento falso. A parte tem que ver resguardado seu direito de examinar, em profundidade, as condições intrínsecas e extrínsecas de validade do documento, para não ser violado o dogma do contraditório. Solução intermediária está em não ordenar o juiz, de imediato, se ouça a parte contrária em cinco dias sobre o documento juntado aos autos. Consulte ele a parte, perguntando-lhe se requer o qüinqüídio. Em caso positivo, examine as razões do pedido: se razoável, que então assine os cinco dias, suspendendo a audiência. Apurado que a parte quis procrastinar o processo, pode ser tida como litigante de má-fé, com base no art. 17, incisos IV, V ou VI, do CPC. Eis aqui mais um problema criado pela má regulamentação legal do sumário alimentar: apresentada que fosse contestação antes da audiência, com os documentos, o autor poderia sobre

---

[260] Moacyr Amaral Santos. *Comentários ao Código de Processo Civil, Lei nº 5.869, de 11 de janeiro de 1973, vol. IV: arts. 332-475.* Rio de Janeiro: Forense, 1994, p. 231.

eles falar de imediato, evitando-se perda de tempo decorrente do deslocamento da audiência para data posterior.

Como derradeiro comentário atinente à prova documental, oportuno reafirmar o poder judicial de requisição de documentos existentes em repartições púbicas (é comum o caso de requisição de declarações de renda para a Receita Federal). Esta preocupação advém de certas posições que alegam quebra de sigilo fiscal em face de tais requisições. Sempre deve prevalecer o interesse da Justiça. O magistrado é quem mensura o interesse da Justiça, e não a autoridade requisitada. A propósito deste assunto, expendi argumentos, inclusive com enfoque constitucional, em artigo publicado na Revista AJURIS.[261]

7.12.4. Testemunhas

Já lancei alguma observação sobre a prova testemunhal. Agora complemento.

A produção da prova testemunhal independe da prévia apresentação de rol (art. 8º). Porém, oportuno assinalar há quem divirja desta compreensão, como noticia Belmiro Pedro Welter, citando Jander Maurício.[262] A jurisprudência é controvertida, o que recomenda que o advogado apresente rol prévio. O TJRS já resolveu que, pelo art. 8º da Lei de Alimentos, não é necessário que as partes arrolem testemunhas, bastando que estas compareçam em audiência.[263] Porém, resolveu de modo contrário, exigindo o rol prévio.[264]

Se as testemunhas, que em princípio comparecerão à audiência independentemente de intimação, não o fizerem, restará à parte prejudicada, como antes salientado, comunicar o evento ao juiz, que determinará a intimação da testemunha ou testemunhas renitentes. Sobre a expedição de precatória, também já me pronunciei antes. Diga-se, de passagem, somente os de melhor posição social e financeira seriam favorecidos pela interpretação literal do art. 8º: os mais fracos, naturalmente, detêm muito menor poder de influência sobre as testemunhas, para forçá-las ao comparecimento espontâneo. Nem pode a justiça ficar entregue aos caprichos de testemunhas acomodadas ou medrosas.

---

[261] Nº 22, julho de 1981, p. 212 a 215.

[262] Ob. cit., p. 92.

[263] Agravo de instrumento nº 70000389429, julgado em 30.03.2000, sendo Relator o Dr. Alzir Felippe Schmitz. Também: Agravo de instrumento nº 593018427, julgado em 17.06.1993, sendo Relator o Des. João Andrades Carvalho. Apelação cível nº 70018351213, julgada pela 7ª Câmara Cível em 14.03.2007, sendo Relator o Des. Luiz Felipe Brasil Santos.

[264] Apelação cível nº 70013227038, julgada pela 8ª Câmara Cível em 22.12.2005, sendo Relator o Des. Rui Portanova. Apelação cível nº 70018905588, julgada em 13.06.2007, sendo Relator o Des. Ricardo Raupp Ruschel (entendeu-se aplicável o art. 407 do CPC). Agravo de instrumento nº 70018972190, julgado pela 8ª Câmara Cível em 17.04.2007, sendo Relator o Des. José Ataídes Siqueira Trindade. Agravo de instrumento nº 70000086066, julgado pela 8ª Câmara Cível em 29.09.1999, sendo Relator o Des.José Carlos Teixeira Giorgis (neste acórdão foi resolvido também que, iniciada a instrução mas suspensa, com transferência para outra data, não fica reaberto o prazo para apresentação de rol de testemunhas).

7.12.5. Perícia

A prova pericial deve ser requerida, explicitamente, na inicial, pelo autor. A sumariedade do rito da Lei nº 5.478/68 não compraz com o tradicional e vão protesto por provas. O réu, por sua vez, postulará a perícia quando se defender em audiência.

No entanto, forçoso convir aparece uma exceção à regra posta antes, no respeitante ao autor. Não é justo que se lhe negue o direito de pedir prova pericial se a tal conduzir a resposta do réu. É possível que, precisamente pelos termos da defesa, se ponha como imprescindível ao demandante a atuação de expertos. Tudo está em se confiar no prudente exame judicial, pois haverá o juiz de verificar se a necessidade de perícia para o autor se formou em função da defesa.

Que se aguarde a audiência de apresentação da defesa, e, só após formulada esta, cogite-se da perícia, é elementar. Não há como ordenar perícia sem constar dos autos a versão de ambas as partes. A questão é outra: há algum óbice em que se colham primeiro os depoimentos pessoais e a prova testemunhal, aproveitando-se que se encontram as testemunhas presentes na audiência de lançamento da defesa? Penso que não. A lei especial não prevê precedência da prova pericial em relação à oral. Em princípio, não há prejuízo para as partes com aquela ordenação das provas. Ganha o processo em rapidez. Em tese, nenhum motivo de ordem lógica, axiológica, legal ou de razoabilidade existe para convencer da utilidade de suspender a audiência, dispensando-se as testemunhas, as quais, em segunda oportunidade, sentir-se-ão menos dispostas a comparecer perante o Judiciário. São meios de prova independentes, autônomos, descondicionados. Se, no caso concreto, o magistrado observar alguma razão para determinada seqüência na produção das provas, adotará providências neste sentido.

7.13. AUDIÊNCIA

A audiência de conciliação e julgamento (na verdade é uma audiência de conciliação, instrução e julgamento), objeto deste enfoque, é a da Lei nº 5.478/68. Quando ordinário o procedimento, simplesmente tem aplicação o Código de Processo Civil.

Cabível constatar, inicialmente, que o TJRS considerou que, na ação de alimentos, estão em disputa direitos indisponíveis,[265] com o que não pode suceder o julgamento antecipado, se as partes arrolaram testemunhas.

A normatividade legal da audiência consta nos arts. 6º a 9º daquela Lei.

---

[265] Apelação cível nº 70011242583, julgada pela 8ª Câmara Cível em 12.07.2005, sendo Relator o Des. Antonio Carlos Stangler Pereira.

Uma primeira averiguação importante é a de que a Lei Especial é redigida de molde a permitir a exegese de que não é obrigatória a presença de advogados, podendo as partes dirigir perguntas à parte contrária e às testemunhas, e realizar debates orais. O art. 6º ampara esta interpretação, quando torna obrigatória a presença das partes, independentemente do comparecimento de seus representantes legais (representantes está aqui como sinônimo de advogados, o que não é da melhor técnica: conf. Nelson Carneiro[266]). O art. 11 encerra outro argumento: as alegações finais serão deduzidas pelas partes. Não fala a lei em procuradores ou expressão com idêntico significado; se a lei quisesse que as alegações fossem exclusivas dos advogados, di-lo-ia, como faz o art. 454 do CPC. Importa ainda nesta argumentação o art. 12, que possibilita seja a intimação da sentença feita diretamente na pessoa das partes; assinalo a diferença em relação ao sistema do art. 242 do CPC. Pela desnecessidade legal da intervenção do advogado pronunciam-se Nelson Carneiro,[267] Waldemar Leandro[268] e João Claudino de Oliveira e Cruz.[269] Lourenço Mário Prunes não se conformava com esta interpretação.[270] Yussef Said Cahali[271] também discorda, afirmando que incide o art. 36 do CPC; segundo ele, falta à parte capacidade para intervir diretamente no feito, quer na produção de provas, quer nos debates orais; somente para fins de transação é que se dispensa o advogado; entretanto, cita acórdãos no sentido de que a ausência do advogado não impede a produção das provas.[272] De minha parte, apesar do texto legal, preocupa-me o que reputo uma involução, com o que estou inclinado a concordar com Yussef Said Cahali: o direito alcançou um nível de complexidade diante do qual não pode ser afastado o profissional, sob pena de inadequado desenrolar dos atos processuais e sérios prejuízos aos litigantes. De outra parte, forçoso reconhecer que não se justificaria a perplexidade, pois no processo trabalhista o sistema implantado foi o mesmo. O Judiciário, em regra, irresignado com a inovação, resiste, e, por todas as formas, procura fazer com que os advogados participem da audiência; é conduta louvável. Assim, amenizando o rigor legislativo, predomina a corrente de que, provado motivo de força maior, é possível o adiamento da audiência por ausência do procurador da parte (a parte é que avisa seu advogado da data da audiência, face aos termos do art. 6º).

A aplicação das sanções do art. 7º, ainda que silencie o texto legal, certamente não recairá sobre o faltoso, se demonstrar ser justificada a au-

---

[266] Ob. cit., p. 87.

[267] Ob. cit., p. 87.

[268] Ob. cit., p. 129.

[269] Ob. cit., p. 37 e 47.

[270] Ob. cit., p. 186.

[271] Ob. cit., p. 583.

[272] Idem, ibidem.

sência. A justificação precisa ser provada até a abertura da audiência: art. 453, § 1º, do CPC. Importa é que cheguem a alegação e respectiva prova às mãos do juiz, sem relevância para o portador. Em casos excepcionais, será abrandado o draconiano rigor do CPC, como mostra o exemplo a seguir: a parte e seu advogado, quando se dirigem para a audiência, sofrem acidente de trânsito e são hospitalizados, pelo que não conseguem contatar com o magistrado, sequer por meio de terceiros; neste caso, sem dúvida deverá ser aceita a justificativa, mesmo que apresentada depois da abertura da audiência. A prudência do juiz mensurará a razoabilidade do prazo dentro do qual a justificação será recebida e apreciada. O problema seria maior se a ausência fosse do réu, com o que a audiência se teria desenvolvido: o acolhimento da justificação, posteriormente, implicaria anulação dos atos da audiência, conseqüência drástica, a ser ponderada com extrema cautela. Se a ausência foi do autor, com decorrente arquivamento, a solução é simples: será determinado o desarquivamento; se não houver justificação acolhida, o arquivamento prosseguirá; obviamente, é circunstância que não elide a propositura de nova ação.

O art. 8º foi analisado no item atinente às provas.

O art. 9º não oferece dificuldades hermenêuticas: já ressaltei que não é obrigatória a tomada do depoimento pessoal das partes.

No art. 10, merece destaque o preceito de dispensa de novas intimações, quando for aprazada data para continuação da audiência; destarte, presumem-se intimados os que deveriam estar na audiência, mas não estavam. É o mesmo regramento do art. 12, relativo à intimação da sentença: proferida em audiência, presumem-se intimadas as partes e seus procuradores (mesmo que sejam defensores dativos), ainda quando ausentes.

O art. 11, parágrafo único, parece exigir seja a sentença prolatada em audiência, logo após a última proposta de conciliação. O art. 19 contraria esta impressão, facultando ao juiz (e nem poderia ser de outra forma) todas as providências necessárias ao esclarecimento da causa. Portanto, ainda naquela fase procedimental, nada obsta venha o juiz a ordenar diligências probatórias. Além disto, se intrincada a lide, não há como negar ao juiz um exame mais acurado dos autos, fora da audiência. Por que correr o risco de um julgamento injusto ou errôneo, por diferença de alguns dias? Quem cismaria em anular a sentença, por proferida fora da audiência? Não deverá e não poderá o juiz, isto sim, ultrapassar o prazo de dez dias do art. 456 do CPC, salvo motivo justificado (por exemplo: o excesso de serviço). Se o problema é representar contra o juiz, por exceder o prazo legal, que se o faça após o décimo dia referido, mas não porque a sentença não tenha sido lançada em audiência. Aliás, a propósito do art. 11, *caput*, também não me convenço da peremptória negativa de as partes redigirem memoriais; se o litígio é denso e complexo, e ambas as partes avençam formular memoriais,

AÇÃO DE ALIMENTOS

não me parece razoável que o juiz indefira esta possibilidade; no entanto, o TJRS decidiu que não caracteriza cerceamento de defesa o julgamento sem a oferta de memoriais, pois esta peça defensiva não é prevista na Lei nº 5.478/68.[273]

A propósito da sentença, é interessante assinalar que o TJRS vem resolvendo que, em ação revisional de alimentos, a sentença tem eficácia retroativa. Assim foi resolvido em caso em que houve redução de alimentos.[274] No entanto, o STJ resolveu que, em caso de revisão, o novo valor é devido a partir do trânsito em julgado[275] Da mesma forma, em caso de exoneração;[276] claro que, nesta última hipótese, o efeito retroativo serve apenas para o autor não ser executado pelos alimentos que não vinha pagando durante o tramitar do processo revisional, mas não para obrigar o réu a restituir os alimentos, em face da irrestituibilidade da verba alimentar.[277] Por outro lado, ainda sobre a eficácia da sentença, em importante deliberação o STJ entendeu que pode haver compensação com o que foi pago antes do julgamento final: os alimentos tinham sido postos em 30% pela sentença, mas o Tribunal os reduziu para 20%; pois bem, o STJ entendeu que os 20% são devidos desde a citação, mas o devedor pode compensar os 10% que pagou a mais.[278]

Observo que, no respeitante às duas tentativas de conciliação, me manifestei anteriormente neste Capítulo.

Parece-me de real significação pragmática apontar algumas cautelas a serem adotadas quando obtida composição da lide através de acordo. A clausulação respectiva não pode deixar de observar as seguintes exigências (além das obviedades infantis, tais como não fixar percentual de alimentos quando o alimentante é autônomo ou prever percentual sem discriminar bruto e líquido, ou, nos casos mais complexos, até mesmo definir o que se entende como líquido): a) especificar qual a parte dos filhos e qual a parte do cônjuge; b) estipular o local e data dos pagamentos; c) cuidados ao utilizar os vocábulos vencimento, estipêndio, salário, soldo, remuneração, etc, face à diversidade conceitual de cada espécie, com o que a terminologia talvez não venha a se harmonizar com a intenção dos acordantes; d) lembrar o art. 1.707 do Código Civil, analisado no Capítulo 2 deste livro, no que diz com a renunciabilidade e irrenunciabilidade dos alimentos; e) fazer constar a forma de reajuste anual (ou por período menor) dos alimentos, se não fixados de maneira pela qual a majoração decorra automaticamente (como

---

[273] Apelação Cível nº 70018351213, julgada pela 7ª Câmara Cível em 14.03.2007, sendo Relator o Des. Lujiz Felipe Brasil Santos. Da mesma forma na Apelação Cível nº 70016952780, julgada pela mesma Câmara em 29.11.2006, com o mesmo Relator.

[274] Apelação Cível nº 70006380646, julgada pela 8ª Câmara Cível em 26.06.03.

[275] RT 793/198.

[276] Apelação Cível nº 70001655117, julgada pela 8ª Câmara Cível em 30.11.2000.

[277] RT 766/199, em acórdão do STJ.

[278] RT 793/194.

sucede quando é utilizado percentual); reporto-me novamente ao Capítulo 2, na interpretação do art. 1.710 do Código Civil.

7.14. RECURSOS

Os recursos cabíveis são todos aqueles previsto no CPC, sem que influa a espécie de procedimento. O regulamento do assunto é dado por aquele diploma legal, quase sem particularidades.

O art. 14 da Lei nº 5.478/68 foi alterado pelo art. 4º da Lei nº 6.014, de 27.12.1973, ficando com a seguinte redação: "Da sentença caberá apelação no efeito devolutivo". Adaptou-se a legislação especial ao fato do desaparecimento do agravo de petição. Porém, não resulta correto o artigo 14 citado, em face do art. 520 do CPC, em seu inciso II: a apelação tem efeito suspensivo somente quando condenar à prestação de alimentos. Portanto, serão ambos os efeitos quando a sentença for de improcedência da ação de alimentos.

Quanto à decisão que concede ou nega alimentos provisórios ou provisionais, opera a regra geral do CPC, isto é, o recurso é o de agravo de instrumento.

A citada Lei nº 6.014/73 também modificou o art. 19 da Lei de Alimentos, ou seja, da decisão que decretar a prisão do devedor caberá agravo de instrumento. Araken de Assis reafirma esta compreensão.[279]

O art. 19, em seu § 3º, comanda que a interposição do agravo não suspende a ordem de prisão. Não se mantém esta norma legal, em face da nova redação dada ao art. 558 do CPC,[280] com o que altero a opinião que lancei nas edições anteriores desta obra. Interessante alertar para a oportuna lembrança feita por Araken de Assis,[281] no sentido de que, apesar do art. 558, é viável a utilização do hábeas-córpus.

O recurso poderia ser interposto pela própria parte? Renova-se a discussão que expus deste Capítulo, sobre até que ponto é ou não exigível a atuação do advogado. Coerente com o que lá versei, penso que a resposta é negativa; reporto-me à abordagem então realizada.

7.15. EXECUÇÃO

A execução de prestação alimentícia compreende os arts. 732 a 735 do CPC e os arts. 16 a 19 da Lei nº 5.478/68. Estes dispositivos regulam a

---

[279] Da execução de alimentos e prisão do devedor. 6ª ed. São Paulo: Revista dos Tribunais, 2004, p. 186 e 187.

[280] Araken de Assis, ob. cit., p. 186 e 187.

[281] Ob. cit., p. 187.

execução de sentença proferida em processo de conhecimento ou cautelar, assim como a execução de decisões fixadoras de alimentos provisórios e provisionais, independentemente do procedimento ao qual o feito obedeceu.

Cumpre advertir, ainda que pareça uma demasia, que a execução de alimentos não tem a propriedade de escapar à prévia liquidação, quando o quantitativo não estiver apurado. Lembro que foram revogados os arts. 603 a 611 do CPC, que tratavam da liquidação de sentença dentro do processo de execução (que abrangia títulos judiciais e extrajudiciais), pela Lei nº 11.232, de 22 de dezembro de 2005. Para os títulos judiciais, a matéria é hoje regida pelo art. 475, letras *a* a *h*, do CPC. Apesar da primariedade da lembrança, impunha-se pelos ensinamentos da experiência forense, que revela inúmeras situações nas quais a parte credora esquece de promover a liquidação. Exemplo: acordo de alimentos, homologado por sentença, estabelece percentual de alimentos sobre a remuneração líquida do alimentante, abatidos os descontos obrigatórios; o alimentante muda de emprego e de remuneração, sendo que, mais tarde, fica inadimplente; ora, sem dúvida que antes da execução é indispensável averiguar quais os novos ganhos do alimentante, o que pode conduzir a indagações probatórias expressivas, inclusive com liquidação por artigos.

Há quatro maneiras de se promover execução de crédito alimentar decorrente de sentença: a) por desconto em folha de pagamento; b) por desconto em aluguéis ou em quaisquer outros rendimentos do devedor; c) pela citação do devedor para pagar ou se justificar em três dias, sob pena de prisão; d) pela forma de execução através de penhora de bens do devedor, conforme a nova regulação da matéria dada pelo art. 475 do CPC, que se refere aos títulos judiciais.[282] Há doutrinadores que preferem a classificação em apenas três modalidades executórias, pois englobam as duas primeiras que mencionei no mecanismo do desconto.[283] No referente ao desconto, note-se que, quando efetuado em aluguéis ou outros rendimentos, o tema é orientado pelo art. 17 da Lei nº 5.478/68, não aparecendo nos arts. 732 a 735 do CPC. Interessante constatar que, a rigor, existe ainda um outro meio executório, ainda que raríssimo: o desapossamento, destinado aos casos do art. 1.701 do Código Civil, ou seja, obrigação do alimentante de dar casa e sustento; Araken de Assis menciona esta forma de execução,[284] em trecho de seu livro separado daquele em que elencou os meios executórios da obrigação alimentar.[285]

---

[282] Parte da doutrina, como depois exporei, entende que, como a Lei nº 11.232/05 não alterou os arts. 732 a 735 do CPC, não se pode aplicar na execução de alimentos o art. 475 do CPC, com o que prosseguiriam aplicáveis as regras da execução do processo executório, hoje reservadas aos títulos extrajudiciais.

[283] Araken de Assis, ob. cit., p. 147.

[284] Ob. cit., p. 207 a 209.

[285] Ob. cit., p. 147.

Como o tema agora analisado é o da execução alimentar, conveniente lembrar sobre a possibilidade de exceção de pré-executividade naquela espécie de execução. Rolf Hanssen Madaleno cita exemplos em que se mostra cabível aquela exceção.[286]

Problema grave, a ser enfrentado de imediato, é relativo à aplicação ou não do art. 475 do CPC à execução alimentar. Sucede que, com as modificações trazidas pela Lei nº 11.232/05, deixou de existir a execução de título executivo judicial, que ficou reservada para títulos executivos extrajudiciais. Porém, o problema é que não foram alterados os arts. 732 a 735 do Código de Processo Civil. Com isto, alguns pretendem que a execução de alimentos, quando envolve penhora, prossegue sendo feita pela modalidade de execução hoje prevista para os títulos executivos extrajudiciais, como informa a Desa. Maria Berenice Dias, que, aliás, discorda desta compreensão.[287] Segundo a Desembargadora, pensam daquela forma Humberto Theodoro Júnior, Araken de Assis e Caroline Said Dias; em sentido contrário – com a orientação da jurista –, Leonardo Grecco, Alexandre Freitas Câmara e Newton Teixeira Carvalho. Portanto, para estes últimos, a execução alimentar se rege também pelo art. 475 do Código de Processo Civil, com as alterações feitas pela Lei nº 11.232, de 22 de dezembro de 2005. Em apoio à tese da Desa. Maria Berenice, à qual adiro, assinale-se que, em reunião dos juízes das Varas de Família e Sucessões do interior de São Paulo, ocasião em que foram formulados 54 enunciados para nortear suas decisões, resolveu-se (enunciado nº 21) que "Aplicam-se as disposições da Lei nº 11.232/05 às execuções de alimentos que não se processam pelo rito do art. 733 do CPC".[288] Coerentemente, deliberaram que "O art. 732 do CPC foi implicitamente revogado pela Lei nº 11.232/05, em especial pelo artigo 475-I, devendo ser observada a lei nova".[289] No entanto, anote-se que os magistrados paulistas resolveram que "A multa prevista no artigo 475-J não se aplica às execuções de alimentos pelo rito do art. 733 do CPC".[290] Por sinal, a Desa. Maria Berenice concorda com a não-aplicação da multa em tal hipótese, pois haveria dupla sanção. Adiantei que a razão está com os que preconizam a aplicação do novo sistema à execução alimentar; com efeito, trata-se de manter a mais básica coerência axiológica do sistema jurídico: não é tolerável que se afaste a modalidade mais ágil de execução precisamente para o débito mais importante que existe, relacionado com a manutenção da própria vida e da vida com dignidade.

---

[286] *Direito de família em pauta.* Porto Alegre: Livraria do Advogado, 2004, p. 186 a 189.

[287] Artigo publicado em *www.mariaberenice.com.br*.

[288] Enunciados publicados em *www.espacovital.com.br*, em 27.11.06. Trata-se de página de responsabilidade do advogado Marco Antônio Birnfeld.

[289] Idem.

[290] Idem.

Dos textos legais, infere-se a ocorrência de uma relativa ordenação a ser cumprida no emprego dos meios executórios. Não se cogitará de prisão enquanto possível a execução mediante desconto em folha de pagamento ou em rendas do alimentante. Estas são caminhos eficazes, céleres em seus resultados, tornando desnecessária a ameaça de prisão, caminho, aliás, bem mais demorado; ademais, a prisão é um remédio mais extremo, que não deve ser usado quando o pagamento dos alimentos pode ser obtido pelo singelo desconto em ganhos do alimentante, ou seja, sem prejuízos para o alimentado. Porém, jamais se pode sustentar que o caminho da penhora deva preceder ao da coação pessoal, sob pena de imenso, irreparável e irreversível prejuízo ao alimentado; como sempre adverti, a via da penhora e posterior hasta pública é longuíssimo, como o que – permitida a ironia – ao ser apurado o produto da venda do bem em hasta pública, serviria para pagamento dos funerais do alimentado (...) O correto consiste em deixar com o credor a opção pela via da execução mediante penhora ou da execução por ameaça de prisão; o que deve obrigatoriamente preceder é a execução por desconto.[291] A leitura atenta dos textos legais chancela esta interpretação. O art. 16 da Lei nº 5.478/68, reportando-se ao art. 734 do CPC, estipula o desconto em folha de pagamento como primeira fórmula de lograr a execução. O art. 17 ordena clara gradação, ao tratar sobre aluguéis ou outras rendas, quando não possível o desconto em folha. O art. 18 expressa que, inexitosa a execução pelos meios anteriores, se passe aos arts. 732, 733 e 735 do CPC. É flagrante não foram hierarquizados aqui os modos executórios; somente foram os arts. 732, 733 e 735 postos em ordenação numérica normal. Se não bastasse, aí está o categórico art. 19 da Lei de Alimentos, situando a prisão como instrumento genericamente válido ao se colimar o desfecho satisfatório do atendimento do crédito alimentar. De qualquer forma, felizmente passou a época em que prevalecia a orientação de que, havendo bens penhoráveis, esta deveria ser a trilha a ser percorrida pelo credor, que só poderia cogitar da coação pessoal contra o devedor se fracassasse a via da penhora. A controvérsia ficou ultrapassada em parte, a partir do momento em que prevaleceu nos tribunais a tese de que a prisão poderia ser pedida, mesmo havendo bens penhoráveis, ainda que somente para alimentos até três meses antes do ajuizamento do pedido executório e para os que vencessem no curso do processo; para os alimentos anteriores, precisaria ser empregado o caminho da penhora. A esta altura, até súmula do Superior Tribunal de Justiça surgiu, de nº 309: "O débito alimentar que autoriza prisão civil do alimentante é o que compreende as três prestações anteriores ao ajuizamento da execução e as que vencerem no curso do processo". Com toda a vênia, depois de muita reflexão sobre o assunto, também não me parece esta uma boa solução; deveria sim ser admitida a coação pessoal mesmo para débitos anteriores aos três meses

---

[291] Araken de Assis concorda com esta solução: ob. cit., p. 149 e 150.

referidos. Preocupa-me a bondade para com os devedores de alimentos que vem crescendo nos pretórios e a este tema retornarei.

Grave defeito exegético reside em considerar que a prisão existe, pelo CPC de 1973, somente para alimentos provisionais, e não para os definitivos. Para estes, a execução obedeceria à via expropriatória. O argumento desta corrente se liga ao fato de o art. 733 do CPC, ao falar da prisão, só aludir aos alimentos provisionais. Os que assim pensam, não se aperceberam da nova redação do art. 18 da Lei nº 5.478/68, dada pela Lei nº 6.014/73, assim como se despressentiram de importantes informes sociológicos e valorativos. Com efeito: 1) ainda que sob o prisma apenas da interpretação gramatical ou literal, a conclusão só pode ser pela permanência da prisão naquela hipótese, face ao art. 18 e ao art. 19 da Lei nº 5.478/68, este último reafirmado pelo art. 4º da Lei nº 6.014, de 17.12.73.[292] Pode alguém alegar que os arts. 18 e 19 da Lei nº 5.478/68 têm a ver com uma lei especial, mas não os alimentos dos arts. 733 a 735 do CPC. Ora, no caso presente ,não tenho dúvida de que se aplicam as regras sobre prisão civil da Lei de Alimentos, por elementar motivação hermenêutica de manutenção da coerência axiológica do sistema jurídico.[293] Seria absurdo, dentro da mais primária harmonia do sistema jurídico, admitir a prisão para os alimentos provisionais, e não para os definitivos, estes obtidos após plena cognição. Por que os provisionais valeriam mais do que os definitivos? 2) Adquire especial relevo, pela natureza do tema, a exegese sociológica e axiológica. A rejeição da prisão, em caso de alimentos definitivos, conduziria a gravíssimos problemas sociais, por muito dificultada que resultaria a cobrança.

Perplexidade séria na execução alimentar foi trazida pela Lei nº 11.441, de 04 de janeiro de 2007, que alterou dispositivos do Código de Processo Civil, para permitir que separação e divórcio amigáveis possam ser feitos em tabelionato, além de inventários e partilhas. Para utilização da escritura pública, não pode o casal ter filhos menores ou incapazes (art. 1.124-A, do CPC, com a redação determinada pela Lei referida). Note-se que é exigida a presença de advogados e que haverá gratuidade para os que se declararem pobres.[294] De uma maneira geral, a modificação foi bem recebida, pois desburocratiza e agiliza separações e divórcios. No entanto, Euclides de Oliveira, Presidente do Instituto Brasileiro de Direito de Família de São Paulo, apesar de favorável à alteração, pondera que pode trazer falta de segurança jurídica para as partes, pois faltará a orientação dada pelo juiz e

---

[292] Adroaldo Furtado Fabrício, em Revista AJURIS, nº 3, p. 94 e 95. Também: TJTJRS, 69/149.

[293] Como ensina Claus-Wilhelm Canaris (Pensamento sistemático e conceito de sistema na ciência do direito. Lisboa: Fundação Calouste Gulbenkian, 1989, p. 280): *"deve-se definir o sistema jurídico como 'ordem axiológica ou teleológica de princípios jurídicos gerais'"*. Sobre interpretação jurídica e aplicação do direito, reporto-me ao que disse em obra de minha autoria: Estudos de direito de família. Porto Alegre: Livraria do Advogado, 2004, p. 11 a 33.

[294] Abordei outros problemas trazidos pela referida alteração legislativa no Capítulo 2 deste livro.

pelo promotor, mais importante quando a parte não está muito segura do que faz.[295] Pois bem, a séria perplexidade diz com a possibilidade ou não de futura execução de alimentos, convencionados na escritura pública, mediante pedido de prisão civil do inadimplente. A advogada Marlise Beatriz Kraemer Vieira[296] entende não ser viável a prisão, pois que o art. 733 do CPC só a permite quando os alimentos houverem sido fixados em sentença ou decisão judicial. A execução, segundo ela, seria admissível com base no art. 585, inciso II, daquele diploma legal, e com base no art. 13 do Estatuto do Idoso, mas mediante o rito da expropriação (obviamente, se não for possível o desconto em folha de pagamento ou o desconto em rendas de bens do alimentante). Em contrário, o Des. Luiz Felipe Brasil Santos[297] sustenta o cabimento da prisão, sob pena de se contrariar o objetivo da Lei, desincentivando o uso da escritura pública. Euclides de Oliveira segue o mesmo caminho,[298] assim como Fabiana Domingues,[299] Francisco José Cahali e Karin Regina Rick Rosa[300] (estes últimos citam também opinião, no mesmo sentido, da Desembargadora Maria Berenice Dias, publicado em página da Internet), que acrescentam outras ponderações. Em um primeiro momento, impressionaram-me os argumentos dos renomados juristas. Porém, convenci-me de que é muito difícil superar o obstáculo trazido pelo art. 733. Prisão é medida excepcional em matéria alimentar, com o que as interpretações não lhe podem ser favoráveis, em caso de dúvida. Descabem exegeses ampliativas, extensivas ou analógicas. Precisará ser modificado o art. 733. Não estou feliz com minha conclusão, pois, como insisto neste livro, penso que a ameaça de prisão é a única forma, quando não possível o desconto, de o alimentante levar a sério esta dívida de relevância extraordinária. É deplorável que o legislador tenha sido tão desatento: a solução simples teria sido uma alteração do art. 733, com o que se evitariam enormes discussões, assoberbando ainda mais o Poder Judiciário, já assolado por invencível carga de trabalho.

Anote-se que era proibido impor segunda pena de prisão, segundo antiga redação do art. 733, § 2º, do CPC. Desde a Lei nº 6.515/77 (Lei do Divórcio), em seu art. 52, foi alterado aquele parágrafo. Pode, portanto, haver segunda prisão, ou mais, mas, evidentemente, não pelo mesmo débito.

---

[295] Folha de São Paulo de 06 de janeiro de 2007, p. C4.

[296] Conf. *www.espacovital.com.br*, de 12.03.2007.

[297] Conf. *www.direitodafamilia.net.*

[298] Texto sob o título Separação extrajudicial: partilha de bens, alimentos e outras cláusulas obrigatórias, publicado em obra conjunta: Separação, divórcio, partilhas e inventários extrajudiciais / coordenadores Antônio Carlos Mathias Coltro, Mário Luiz Delgado. São Paulo: Método, 2007. P.253.

[299] Texto sob o título "A execução dos alimentos firmados em escritura pública. Como aplicar o art. 733 do CPC?", publicado na obra conjunta referida na nota anterior, p. 271.

[300] Escrituras públicas: separação, divórcio, inventário e partilha consensuais: análise civil, processual civil, tributária e notarial / Francisco José Cahali (...) [*et al.*]. São Paulo: Revista dos Tribunais, 2007, p. 122 a 124.

Qual o tempo máximo da pena de prisão civil? O art. 733, § 1º, do CPC, traz o prazo de um a três meses. Contudo, o art. 19, *caput*, da Lei nº 5.478/68 contempla o prazo máximo de sessenta dias, sem prever prazo mínimo. Qual disposição prevalece? Tenho que é a da lei especial, pois se tornou posterior ao CPC, visto revigorada pela Lei nº 6.014/73. O prazo é de sessenta dias no máximo, sem prazo mínimo. A Lei nº 6.014/73 alterou a Lei nº 5.478/68, inclusive em seu art. 19; porém, ao fazê-lo, manteve intacto o *caput* do art. 19, justamente o que fala em sessenta dias no máximo. Adroaldo Furtado Fabrício[301] disserta que "impõe essa conclusão o fato de tratar-se, como se viu, de lei posterior, à parte a circunstância de conter regra mais favorável ao paciente da medida excepcional (odiosa restringenda)". Araken de Assis, informando que alterou anterior opção, segue esta orientação, acrescentando como argumento o art. 620 do CPC.[302]

Da decisão do juiz, que julga o pedido de coação pessoal, examinando, se for o caso, a justificativa do alimentante, cabe agravo de instrumento, como ensina Araken de Assis, que tem como interlocutória a decisão.[303] O agravo pode ter efeito suspensivo, conforme o art. 558 do CPC, o que não inibe o uso do hábeas-córpus.[304]

Como falei, na alínea anterior, em decisão que julga pedido de coação pessoal, interessante assinalar que a tradicional defesa do executado, de que está desempregado, começou a ser repelida, inclusive no STJ, como noticia Araken de Assis.[305] Por outro lado, este jurista arrola – em elenco que é útil recordar – matérias que podem ser objeto para impetração de hábeas-córpus por parte daquele que sofreu a coação pessoal (inclusive citando acórdãos): "a) incompetência do juízo; b) falta de pedido; c) falta de indicação ou de iliquidez da dívida; d) ausência de chamado para o devedor 'se manifestar sobre o cálculo de liquidação'; e) omissão de prazo para defesa; f) recusa indevida de abertura da fase instrutória; g) desobediência à ordem preferencial dos meios executórios; h) decisão carcerária prematura, expedida 'antes da determinação para sejam efetuados os descontos de diferenças de reajustamento da pensão alimentícia'[306] i) inexistência da motivação do ato decisório; j) extinção da dívida por causa superveniente à defesa". Em outro trecho de sua obra, Araken de Assis acrescenta a hipótese de nulidade da citação.[307] Belmiro Pedro Welter acresce outros casos de revogação do

---

[301] Revista AJURIS, nº 3, p. 85, em artigo sob o título A legislação processual extravagante em face do novo Código de Processo Civil.

[302] Ob. cit., p. 191 e 192.

[303] Ob. cit., p. 186 e 187.

[304] Araken de Assis, em ob. cit., p. 187.

[305] Ob. cit., p. 182 e 183. Trata-se de RHC 13.799-PR, julgado pela 4ª Turma em 25.02.2003, sendo Relator o Ministro Barros Monteiro.

[306] Ob. cit., p. 197.

[307] Ob. cit., p. 196. Araken de Assis menciona Yussef Said Cahali. Este jurista também cogitou de situações em que se vislumbra a ilegalidade do decreto de prisão: *Dos alimentos* cit., 2006, p. 792 e 793.

decreto prisional; cito os que, a meu pensar, são mais relevantes: a) inclusão na conta de valores que não são alimentares, como é o caso de honorários advocatícios; b) acordo entre as partes; c) proposta do credor de pagar parceladamente.[308] Mais adiante, com base em João Roberto Parizato, Belmiro Pedro Welter enumera mais temas que podem ser objeto de hábeas-córpus; seleciono os seguintes: a) o devedor não foi chamado a se manifestar sobre o cálculo de liquidação; b) houve erro no cálculo das verbas em atraso.[309]

Saliento que o TJRS, corretamente, superando o excesso formalístico, admitiu que, resultando inócua a coação pessoal, é cabível a conversão em execução pela forma da expropriação patrimonial.[310]

Anteriormente, disse que não concordo com a orientação, presente entre vários magistrados, de não ver com simpatia a prisão civil do alimentante, pois que a prisão é odiosa.[311] Detenho-me agora no assunto, que é de grande importância, na medida em que somente a ameaça de prisão empresta alguma seriedade à execução do débito alimentar, quando impossível o desconto em folha de pagamento ou o desconto em rendas do alimentante. Aquele pensamento benéfico se traduziu, entre outras hipóteses, como vimos, no pensamento dominante de não acatar a prisão para débitos anteriores a três meses do ajuizamento da execução, que, inclusive, conta com o apoio da súmula 309 do STJ. Não estou sozinho nesta posição. Araken de Assis se opõe fortemente à prisão domiciliar e à prisão em albergue;[312] cita acórdão do STJ que resolveu não precisa o decreto prisional conter a fixação do regime prisional, como ocorre no direito penal.[313] As interpretações favoráveis ao alimentante colidem frontalmente com a finalidade da obrigação alimentar, com a urgência de que se reveste o crédito de alimentos, com a relevância social do tema, com o significado humano que impregna o assunto. O crédito de alimentos é premente, se relaciona com a sobrevivência, com a vida, com a existência com dignidade. Exige ele execução com celeridade e eficiência. Os que pensam diversamente insistem no argumento da odiosidade da prisão. Respondo que é mais odioso deixar de prestar alimentos aos familiares, aos filhos, aos pais, aos irmãos. Teoricamente, sem dúvida, concordo que o ideal é se eliminarem todas as

---

[308] *Alimentos no código civil.* Porto Alegre: Síntese, 2003, p. 361 e 362.

[309] Ob. cit., p. 376.

[310] Apelação cível nº 70019277920, julgada pela 7ª Câmara Cível em 27.06.2007, sendo Relator o Des. Sérgio Fernando de Vasconcellos Chaves.

[311] Waldyr Grisard Filho, em sede doutrinária, propugna por uma visão menos afeiçoada à prisão civil, mas propõe medidas como retenção de carteira de habilitação e do CPF, do passaporte e a inibição ao exercício de certos direitos ou atividades pessoais ou profissionais. Conf. em Família e dignidade humana / V Congresso Brasileiro de Direito de Família; Rodrigo da Cunha Pereira. São Paulo: IOB Thonson, 2006, p. 891. São os Anais daquele Congresso, realizado em Belo Horizonte de 27 a 29 de outubro de 2005.

[312] Ob. cit., p. 193 a 195.

[313] Ob. cit., p. 195. O acórdão foi prolatado no RHC 13.585-RS, em 4.02.2003, sendo Relatora a Ministra Nancy Andrighi; fonte: DJU de 10.03.2003, p. 182.

prisões do mundo, sob quaisquer pretextos. No entanto, a humanidade não atingiu grau de desenvolvimento cultural e moral possibilitador do afastamento da coerção privativa de liberdade; e talvez nunca atinja, salvo se houver mutação genética, pois a visão rousseauniana de um homem naturalmente bom, e tornado mau pela sociedade, é ingênua e perigosamente errada;[314] Freud o mostrou muito bem, quando terminou se convencendo da existência, em todo o ser humano, de um instinto de destruição e morte. Se a prisão por dívida alimentar foi prevista pela Constituição Federal, é porque os valores a serem defendidos pela coação de liberdade são por demais relevantes, a ponto de atingirem o valor liberdade. Além disto, óbvio que o objetivo não é prender ninguém, mas sim fazer com que o dinheiro apareça, o que quase sempre sucede diante da ameaça de prisão. O credor de alimentos não é nenhum potentado econômico-financeiro buscando oprimir miseráveis devedores. Insisto e enfatizo que a ameaça de coação pessoal é a única forma, além do desconto em ganhos certos e controláveis do alimentante, de dar alguma seriedade à cobrança da dívida alimentar. Dentro desta idéia, sou absolutamente contrário aos que tentam facilitar a vida dos devedores de alimentos com medidas tais como prisão domiciliar ou prisão albergue. Os que assim decidem são responsáveis pela fome de milhares e milhares de crianças no Brasil. Também, por razões desta espécie e outras que expus, disse antes que não vejo com simpatia a súmula que consagrou a impossibilidade de solicitar a prisão do devedor para débitos anteriores a três meses da data do ajuizamento da execução; o credor dos alimentos, ou a mãe representante dos menores credores, costuma aguardar, muitas vezes, prazo maior para pedir a prisão, pois o devedor lhe pede clemência, os familiares imploram piedade, o devedor faz ameaças de morte, o devedor agride moral e fisicamente; é por estes motivos, e outros, que os alimentos não são pedidos dentro dos três meses referidos e não porque os alimentos não sejam indispensáveis. Às vezes não faz mal conhecer um pouco mais a conduta dos homens, para o que nem é necessária experiência de vida, mas basta ler a literatura, incluída a grande literatura.

---

[314] Há quem diga que a obra de Sade foi toda ela uma resposta, e uma brincadeira, com as idéias de Rousseau.

AÇÃO DE ALIMENTOS

8. Súmulas do STF, STJ e TJRS e conclusões do Centro de Estudos do TJRS, sobre matéria alimentar

8.1. SÚMULAS DO STF

226: Na ação de desquite, os alimentos são devidos desde a inicial e não da data da decisão que os concede. 13.12.63.

379: No acordo de desquite não se admite renúncia aos alimentos, que poderão ser pleiteados ulteriormente, verificados os pressupostos legais. 03.04.64.

8.2. SÚMULAS DO STJ

1: O foro do domicílio ou da residência do alimentando é o competente para a ação de investigação de paternidade, quando cumulada com a de alimentos. 25.04.90.

277: Julgada procedente a investigação de paternidade, os alimentos são devidos a partir da citação. 14.05.03.

309: O débito alimentar que autoriza a prisão civil do alimentante é o que compreende as três prestações anteriores ao ajuizamento da execução e as que se vencerem no curso do processo. 27.04.05.

8.3. SÚMULAS DO TJRS

Não há súmulas específicas sobre alimentos.

8.4. CONCLUSÕES DO CENTRO DE ESTUDOS DO TJRS

21ª: Na execução de alimentos, não é obrigatória a prévia propositura pela modalidade expropriatória para, somente após, recorrer-se à coerção pessoal.

23ª: A execução de alimentos, na modalidade coercitiva (art. 733, CPC) abrange as três últimas parcelas vencidas à data do ajuizamento da ação, além de todas as que se vencerem no curso da lide (art. 290, CPC).

26ª: Em ação de investigação de paternidade, sendo menor o investigante – e presumida, em caráter relativo, a necessidade – devem ser fixados alimentos independentemente de pedido.

28ª: Em sede de *habeas corpus*, inocorrente ilegalidade ou abuso de poder na decretação da prisão civil, não cabe a apreciação do mérito de justificativa apresentada por devedor de alimentos nos autos de execução coercitiva.

34ª: Alimentos provisórios fixados após a citação não retroagem à data desta, o que somente ocorre com os definitivos.

35ª: A apelação contra a sentença que, em ação revisional, reduz os alimentos deve ser recebida em seu duplo efeito.

36ª: A apelação contra sentença que, em ação revisional, majora os alimentos deve ser recebida apenas no efeito devolutivo.

37ª: Em ação de alimentos é do réu o ônus da prova acerca de sua impossibilidade de prestar o valor postulado.

38ª: Os alimentos podem ser fixados em salários mínimos.

39ª: A pretensão alimentar pode ter caráter estimativo, tendo em vista as peculiaridades do caso concreto.

44ª: A obrigação alimentar dos avós é complementar e subsidiária à de ambos os genitores, somente se configurando quando pai e mãe não dispõem de meios para prover as necessidades básicas dos filhos.

46ª: A alegação de desemprego do alimentante não serve de justificativa para dispensá-lo de quitar o débito alimentar, devendo haver comprovação de sua impossibilidade absoluta para atender esse pagamento.

47ª: Dispondo o alimentante de ganho salarial certo, convém que os alimentos sejam fixados em percentual de seus rendimentos líquidos.

9. Enunciados sobre alimentos proferidos nas Jornadas de Direito Civil realizadas pelo Centro de Estudos Judiciários do Conselho da Justiça Federal

Observação: Na I Jornada não houve enunciados sobre alimentos e da II Jornada não resultaram enunciados.

9.1. ENUNCIADOS APROVADOS – III JORNADA DE DIREITO CIVIL, EM DEZEMBRO DE 2004

263 – Art. 1.707: O art. 1.707 do Código Civil não impede seja reconhecida válida e eficaz a renúncia manifestada por ocasião do divórcio (direto ou indireto) ou da dissolução da "união estável". A irrenunciabilidade do direito a alimentos somente é admitida enquanto subsista vínculo de Direito de Família.

264 – Art. 1.708: Na interpretação do que seja procedimento indigno do credor, apto a fazer cessar o direito a alimentos, aplicam-se, por analogia, as hipóteses dos incs. I e II do art. 1.814 do Código Civil.

265 – Art. 1.708: Na hipótese de concubinato, haverá necessidade de demonstração da assistência material prestada pelo concubino a quem o credor de alimentos se uniu.

9.2. ENUNCIADOS APROVADOS – IV JORNADA DE DIREITO CIVIL, EM OUTUBRO DE 2006

341 – Art. 1.696. Para os fins do art. 1.696, a relação socioafetiva pode ser elemento gerador de obrigação alimentar.

342 – Observadas as suas condições pessoais e sociais, os avós somente serão obrigados a prestar alimentos aos netos em caráter exclusivo, sucessivo, complementar e não-solidário, quando os pais destes estiverem impossibilitados de fazê-lo, caso em que as necessidades básicas dos alimentandos serão aferidas, prioritariamente, segundo o nível econômico-financeiro dos seus genitores.

343 – Art. 1.792. A transmissibilidade da obrigação alimentar é limitada às forças da herança.

344 – A obrigação alimentar originada do poder familiar, especialmente para atender às necessidades educacionais, pode não cessar com a maioridade.

345 – O "procedimento indigno" do credor em relação ao devedor, previsto no parágrafo único do art. 1.708 do Código Civil, pode ensejar a exoneração ou apenas a redução do valor da pensão alimentícia para quantia indispensável à sobrevivência do credor.

10. Bibliografia

ALVES, José Carlos Moreira. *Direito romano*. Rio de Janeiro: Editor Borsoi, 1965. Vol. I.

ALVIM, Arruda. *Manual de direito processual civil; volume I*: parte geral. 10ª ed. São Paulo: Revista dos Tribunais, 2006.

ARAGÃO, E. D. Moniz de. *Comentários ao Código de Processo Civil, Lei nº 5.869, de 11 de janeiro de 1973, vol. II*: arts. 154-269. 9ª ed. Rio de Janeiro: Forense, 1998.

ARAÚJO, Vaneska Donato de. Texto sob o título As cláusulas versando sobre a partilha de bens, sobre os alimentos e sobre o nome dos cônjuges são obrigatórias em qualquer escritura pública de separação e divórcio? Publicado em: *Separação, divórcio e partilhas e inventários extrajudiciais* / coordenadores Antonio Carlos Mathias Coltro, Mário Luiz Delgado. São Paulo: Método, 2007. P. 261.

ARMINJON, Pierre; NOLDE, Boris; WOLFF, Martin. *Traité de droit comparé*. Paris: Librairie Générale de Droit et de Jurisprudence, 1950.

ASSIS, Araken de. *Da Execução de Alimentos e Prisão do Devedor*. 6ª ed. São Paulo: Revista dos Tribunais, 2004.

AZEVEDO, Álvaro Villaça. Prisão civil por dívida de alimentos. Texto publicado em: *Família e cidadania – o novo CCB e a "vacatio legis"* / coordenação de Rodrigo da Cunha Pereira. Belo Horizonte: Del Rey, 2002. P. 227. Anais do III Congresso Brasileiro de Direito de Família, realizado em Belo Horizonte de 24 a 27 de outubro de 2001.

BANNURA, Jamil Andraus Hanna. Pela extinção dos alimentos entre cônjuges. Artigo publicado em obra conjunta: *Direitos fundamentais do Direito de Família*. Adalgisa Wiedemann Chaves (...) [et al.]; coordenadores: Belmiro Pedro Welter e Rolf Hanssen Madaleno. Porto Alegre: Livraria do Advogado, 2004. P. 121 a 138.

BARBI, Celso Agrícola. *Comentários ao Código de Processo Civil, Lei nº 5.869, de 11 de janeiro de 1973, vol. I*. 10ª ed. Rio de Janeiro: Forense, 1998.

BARRA, Washington Epaminondas Medeiros. *O novo Código Civil: Estudos em homenagem ao professor Miguel Reale*. Coordenadores: Ives Gandra da Silva Martins Filho, Gilmar Ferreira Mendes e Domingos Franciulli Neto. São Paulo: LTr, 2003.

BATALHA, Wilson de Souza Campos. *Direito Intertemporal*. Rio de Janeiro: Forense, 1980.

BEVILAQUA, Clovis. *Direito de família*. 7ª ed. Rio de Janeiro: Freitas Bastos, 1943.

BITTENCOURT, Edgard de Moura. *Alimentos*. 4ª ed. São Paulo: Leud, 1979.

BO, Giorgio. *Il diritto degli alimenti*. 2ª ed. Milano: Dott. A. Giuffrè Editore, 1935, vol. I.

BRUNO, Denise Duarte. Guarda compartilhada, artigo publicado na *Revista Brasileira de Direito de Família*, do IBDFAM, nº 12, Jan-Fev-Mar/2002, p. 27.

CAHALI, Francisco José. *União Estável e Alimentos Entre Companheiros*. São Paulo: Saraiva, 1996.

———; ROSA, Karin Regina Rick. Texto sob o título Questões polêmicas, publicado em: *Escrituras públicas: separação, divórcio, inventário e partilha consensuais: análise civil, processual civil, tributária e notarial* / Francisco José Cahali (...) [et al.]. São Paulo: Revista dos Tribunais, 2007. P. 114.

CAHALI, Yussef Said. *Dos alimentos*. 5ª ed. São Paulo: Revista dos Tribunais, 2006.

———. *Divórcio e separação*. 11ª ed. São Paulo: Revista dos Tribunais, 2005.

CANARIS, Claus-Wilhelm. *Pensamento sistemático e conceito de sistema na ciência do direito*. Lisboa: Fundação Calouste Gulbenkian, 1989.

CARNEIRO, Nelson. *A nova ação de alimentos*. Rio-São Paulo: Livraria Freitas Bastos, 1969.

CARNELUTTI, Francesco. *Sistema de derecho procesal civil*. Uteha Argentina, 1944. Vol. II.

CARRIL, Julio J. Lopes del. *Unidad y pluralidad sucesoria, el derecho de familia, la obligación alimentaria*. Buenos Aires: Cooperadora de Derecho y Ciencias Sociales, 1963.

CARVALHO NETO, Inácio de. *Separação e divórcio*: teoria e prática. 8ª ed. Curitiba: Juruá, 2007.

CASSETTARI, Christiano. Artigo sob o título A abrangência da expressão Ser Consensual como requisito para a separação e para o divórcio extrajudiciais: a possibilidade de realizar escritura pública somente para dissolver o casamento e discutir judicialmente outras questões, publicado em: *Revista Brasileira de Direito de Família*. Porto Alegre: Síntese, IBDFAM, abril-maio 2007, vol. 41, p.15.

CHAVES, Antônio. *Tratado de Direito Civil*; Direito de Família. 2ª ed. São Paulo: Revista dos Tribunais, 1993. Vol. 5, tomo II.

CHINELATO, Silmara Juny. *Comentários ao Código Civil: parte especial: do direito de família, vol. 18* (arts. 1.591 a 1.710). Coord. Antônio Junqueira de Azevedo. São Paulo: Saraiva, 2004.

COLIN; CAPITANT. *Curso elemental de derecho civil*. 3ª ed. Madrid: Instituto Editorial Reus, 1952.

COLTRO, Antonio Carlos Mathias, em artigo sob o título A separação judicial e a renúncia a alimentos, publicado em: Afeto, Ética, Família e o novo Código Civil (anais do IV Congresso Brasileiro de Direito de Família, realizado em setembro de 2003); coordenador: Rodrigo da Cunha Pereira. Belo Horizonte: Del Rey, 2004. P. 61.

COSTA, Maria Araci Menezes. A renúncia a alimentos no novo Código Civil: casamento e união estável. Artigo publicado em obra conjunta: *Grandes temas da atualidade, v. 5: alimentos no novo Código Civil: aspectos polêmicos*/coordenador Eduardo de Oliveira Leite; Adriana Kruchin (...) [*et al.*]. Rio de Janeiro: Forense, 2006. P. 143.

————. A obrigação alimentar dos avós, texto publicado em obra conjunta *Direitos fundamentais do Direito de Família*, antes citada, p. 223.

CRUZ, João Claudino de Oliveira e. *A nova ação de alimentos*. 3ª ed. Rio de Janeiro: Forense.

CUNHA, Sérgio Sérvulo da. *Direito de família: mudanças*. 3ª ed. São Paulo: Revista dos Tribunais, 1985.

DANTAS, San Tiago. *Direitos de família e sucessões*. Rio de Janeiro: Forense, 1991.

DIAS, Maria Berenice. *Manual de direito das famílias*. Porto Alegre: Livraria do Advogado, 2005.

DIDIER JÚNIOR, Fredie; FARIAS, Cristiano Chaves de; GUEDES, Jefferson Cárus; GAMA, Guilherme Calmon Nogueira da; SLAIB FILHO, Nagib. *Comentários ao Código civil brasileiro, v. XV: do direito de família – direito patrimonial*. Coordenadores: Arruda Alvim e Thereza Alvim. Rio de Janeiro: Forense, 2005.

DINIZ. Maria Helena. *Curso de Direito Civil Brasileiro – Direito de Família*. 17ª ed. São Paulo: Saraiva, 2002. Vol. 5.

————. *Comentários ao Código Civil*. Vol. 22.São Paulo: Saraiva, 2003.

DOMINGUES, Fabiana. Texto sob o título A execução dos alimentos firmados em escritura pública. Como aplicar o art. 733 do CPC? Publicado em: *Separação, divórcio, partilhas e inventários extrajudiciais* / coordenadores Antonio Carlos Mathias Coltro, Mário Luiz Delgado. São Paulo: Método, 2007, p. 271.

DUGUIT, Leon. *Las transformaciones del derecho publico y privado*. Editorial Heliasta, 1975.

ESPÍNOLA, Eduardo. *Código do Processo do Estado da Bahia anotado*. Tip. Bahiana, de Cincinato Melchiades, 1916.

FÁBREGAS, Luiz Murilo. *O divórcio*. Editora Rio, 1978.

FABRÍCIO, Adroaldo. Artigo sob o título Réu revel não citado, "querela nullitatis" e ação rescisória, publicado em: *Revista AJURIS*, vol. 42, p. 7.

————. Artigo sob o título A legislação processual extravagante em face do novo Código de Processo Civil, publicado em: *Revista AJURIS*, vol. 3, p. *85*.

FARIAS, Cristiano Chaves de. Artigo sob o título O novo procedimento para a separação e o divórcio consensuais e a sistemática da Lei nº 11.441/2007: o bem vencendo o mal, publicado em: *Revista Brasileira de Direito de Família*. Porto Alegre: Síntese, IBDFAM, fev-mar 2007. Vol. 40, p. 48.

FERREIRA, Willian Santos. *Tutela antecipada no âmbito recursal*. São Paulo: Revista dos Tribunais, 2000.

FONSECA, Arnoldo Medeiros da. *Investigação de paternidade*. 3ª ed. Rio de Janeiro: Forense, 1958.

FONSECA. Antonio Cezar Lima da. *O Código Civil e o novo Direito de Família*. Porto Alegre: Livraria do Advogado, 2004.

FRANÇA, Rubens Limongi. *Direito intertemporal brasileiro.* 2ª ed. São Paulo: Revista dos Tribunais, 1968.

GAMA, Guilherme Calmon Nogueira da. *O Companheirismo – Uma Espécie de família.* 2ª ed. São Paulo: Revista dos Tribunais, 2001.

———. *Direito de Família Brasileiro.* São Paulo: Juarez de Oliveira, 2001.

GIORGIS, José Carlos Teixeira. *A paternidade fragmentada: família, sucessões e bioética.* Porto Alegre: Livraria do Advogado, 2007.

GOMES, Orlando. *O novo direito de família.* Porto Alegre: Sergio Antonio Fabris Editor, 1984.

———. *Novos temas de direito civil.* Rio de Janeiro: Forense, 1983.

———. *Direito de família.* 7ª ed. Rio de Janeiro: Forense, 1990.

GONÇALVES, Carlos Roberto. *Direito civil brasileiro, vol. VI: direito de Família.* São Paulo: Saraiva, 2005.

GRISARD FILHO, Waldyr. *Guarda Compartilhada: Um Novo Modelo de Responsabilidade Parental.* São Paulo: Revista dos Tribunais, 2000.

———. *O futuro da prisão civil do devedor de alimentos: caminhos e alternativas.* Texto publicado em: *Família e dignidade humana* / V Congresso Brasileiro de Direito de Família; Rodrigo da Cunha Pereira. São Paulo: IOB Thonson, 2006. P. 891. Anais do Congresso cit., realizado em Belo Horizonte, de 27 a 29 de outubro de 2005.

JOSSERAND, Louis. *Derecho civil.* Buenos Aires: Ediciones Jurídicas Europa-América, Bosch y Cia, 1952.

LACANTINERIE, Baudry; FOURCADE, Houques. *Traité théorique et pratique de droit civil.* 2ª ed. Paris: Librairie de la Société du Recueil Gal des Lois et des Arrêts, 1900.

LACERDA, Galeno. *Despacho saneador.* Porto Alegre: Sulina, 1953.

LARENZ, Karl. *Metodologia da ciência do direito.* 2ª ed. Lisboa: Fundação Calouste Gulbenkian, 1969.

LEANDRO, Waldemar. *Dissolução do matrimônio, alimentos e guarda dos filhos.* Edição Universitária de Direito: 1974.

LEITE, Eduardo de Oliveira. *Direito civil aplicado, vol. 5: direito de família.* São Paulo: Revista dos Tribunais, 2005.

———. *Tratado de Direito de Família.* Curitiba: Juruá, 1991. Vol. I.

LEME, Lino de Morais. *Direito civil comparado.* São Paulo: Revista dos Tribunais, 1962.

LESSA, Nelcy Pereira. *O novo Código Civil: livro IV, do direito de família.* Coordenação geral: Heloisa Maria Daltro Leite. Rio de Janeiro: Freitas Bastos, 2002.

LÔBO, Paulo Luiz Neto. *Código Civil Comentado.* São Paulo: Atlas, 2003. Vol. XVI.

LOTUFO, Maria Alice Zaratin. *Curso Avançado de Direito Civil – Direito de Família.* São Paulo: Revista dos Tribunais, 2002. Vol. 5.

LUZ, Aramy Dornelles da. *O divórcio no Brasil.* São Paulo: Saraiva, 1978.

MADALENO, Rolf Hanssen. *Direito de família: aspectos polêmicos.* Porto Alegre: Livraria do Advogado, 1998.

———. *Novas perspectivas do direito de família.* Porto Alegre: Livraria do Advogado, 2000.

———. *Direito de família em pauta.* Porto Alegre: Livraria do Advogado, 2004.

———. *Repensando o direito de família.* Porto Alegre: Livraria do Advogado, 2007.

MAGALHÃES, Rui Ribeiro de. *Instituições de Direito de Família.* São Paulo: LED, 2000.

MALAURIE, Philippe; AYNÈS, Laurent. *Cours de droit civil.* 5ª ed. Paris: Éditions Cujas, 1995.

MALHEIROS FILHO, Fernando. *A união estável, sua configuração e seus efeitos.* Porto Alegre: Síntese, 1996.

———. *Da revisão dos alimentos provisionais,* em RDCivil, 33/41.

MARINONI, Luiz Guilherme. *Curso de processo civil, volume 2: processo de conhecimento* / Luiz Guilherme Marinoni, Sérgio Cruz Arenhart. 6ª ed. rev., atual. e ampl. da obra Manual do processo de conhecimento. São Paulo: Revista dos Tribunais, 2007.

MARMITT, Arnaldo. *Pensão alimentícia.* Rio de Janeiro: Aide, 1993.

———. *Prisão civil por alimentos e depositário infiel.* Rio de Janeiro: Aide, 1989.

MARQUES, José Frederico. *Instituições de direito processual civil.* Vol. I. 4ª ed. Rio de Janeiro: Forense, 1971.

MAZEAUD, Henri, Leon e Jean. *Leçons de droit civil.* Paris: Éditions Montchretien, 1955.

MEIRA, Silvio A. B. *Instituições de direito romano.* 2ª ed. São Paulo: Max Limonad Editor de Livros de Direito.

MIRANDA, Francisco Cavalcanti Pontes de. *Tratado de direito privado.* Volumes 7, 8 e 9. 4ª ed. São Paulo: Revista dos Tribunais, 1983.

AÇÃO DE ALIMENTOS

——. *Comentários ao Código de Processo Civil*. Rio de Janeiro: Forense, 1974. Tomo II.

MONTEIRO, Washington de Barros. *Curso de direito civil, v. 2: direito de família*. 37ª ed., rev. e atual. por Regina Beatriz Tavares da Silva. São Paulo: Saraiva, 2004.

MOTTA, Carlos Dias. *Direito matrimonial e seus princípios jurídicos*. São Paulo: Revista dos Tribunais, 2007.

MOURA, Mário Aguiar. *Tratado prático da filiação*. 2ª ed. Rio de Janeiro: Aide, 1984. Três volumes.

NADER, Paulo. *Curso de direito civil, v. 5: direito de família*. Rio de Janeiro: Forense, 2006.

NEVES, Celso. *Coisa julgada civil*. São Paulo: Revista dos Tribunais, 1971.

NOGUEIRA, Paulo Lúcio. *Alimentos, divórcio, separação: doutrina e jurisprudência*. São Paulo: Saraiva, 1983.

OLIVEIRA, Basílio de. *Direito alimentar e sucessório entre companheiros*. Rio de Janeiro: Destaque, 1995.

OLIVEIRA, Carlos Alberto Alvaro de. *A tutela de urgência e o direito de família*. 2ª ed. São Paulo: Saraiva, 2000.

OLIVEIRA, Euclides Benedito de. *Direito de família no novo Código Civil*. RT 822/11.

——. Alimentos: transmissão da obrigação aos herdeiros. Texto publicado em: *Afeto, ética e o novo Código Civil*/coordenador: Rodrigo da Cunha Pereira. Belo Horizonte: Del Rey, 2004. P. 141. Trata-se de trabalhos apresentados no IV Congresso Brasileiro de Direito de Família, realizado em Belo Horizonte, de 24 a 27 de setembro de 2003.

——. Texto sob o título Separação extrajudicial: partilha de bens, alimentos e outras cláusulas obrigatórias, publicado em: *Separação, divórcio e partilhas e inventários extrajudiciais* / Coordenadores Antonio Carlos Mathias Coltro, Mário Luiz Delgado. São Paulo: Método, 2007. P. 253.

OLIVEIRA, José Lamartine Corrêa de; MUNIZ, Francisco José Ferreira. *Direito de Família (Direito Matrimonial)*. Porto Alegre: Sergio Antonio Fabris Editor, 1990.

OLIVEIRA, J. M. Leoni Lopes de. *A Nova Lei de Investigação de Paternidade*. Rio de Janeiro: Lumen Juris, 1993.

——. *Alimentos e Sucessão no Casamento e na União Estável (Lei 9.278/96)*. 2ª ed. Rio de Janeiro: Lumen Juris, 1996.

PASSOS, José Joaquim Calmon de. *Comentários ao Código de Processo Civil, Lei nº 5.869, de 11 de janeiro de 1973, vol. III: arts. 270 a 331*. 8ª ed. Rio de Janeiro: Forense, 1998.

PEREIRA, Caio Mário da Silva. *Direito Civil – Alguns Aspectos de sua Evolução*. Rio de Janeiro: Forense, 2001.

——. *Instituições de direito civil: direito de família*. 16ª ed. Rio de Janeiro: Forense, 2006. Vol. V.

PEREIRA, Lafayette Rodrigues. *Direito de família*. 5ª ed. Rio de Janeiro: Freitas Bastos, 1956.

PEREIRA, Sérgio Gischkow. *Ação de alimentos*. 3ª ed. Porto Alegre: Fabris, 1983.

——. *Estudos de Direito de Família*. Porto Alegre: Livraria do Advogado, 2004.

——. *Direito de família: aspectos do casamento, sua eficácia, separação, divórcio, parentesco, filiação, regime de bens, alimentos, bem de família, união estável, tutela e curatela*. Porto Alegre: Livraria do Advogado, 2007.

PEREIRA, Virgílio de Sá. *Direito de família*. 2ª ed. Rio de Janeiro: Livraria Freitas Bastos, 1959.

PLANIOL; RIPERT. *Tratado practico de derecho civil francés*. Cuba: Cultural, 1946.

PORTO, Sérgio Gilberto. *Doutrina e Prática dos Alimentos*. Rio de Janeiro: Aide, 1991.

——. Ação revisional de alimentos conteúdo e eficácia temporal das sentenças. Texto publicado em: *Direitos fundamentais do Direito de Família* / Adalgisa Wiedmann Chaves (...) [et al.]; coord. Belmiro Pedro Welter, Rolf Hanssean Madaleno. Porto Alegre: Livraria do Advogado, 2004, p. 403.

PRUNES, Lourenço Mário. *Ações de alimentos*. Sugestões Liiterárias, 1976.

RAMOS, Patrícia Pimentel de Oliveira Chambers. A guarda compartilhada como direito fundamental da criança, artigo em: *Revista do Ministério Público*, Rio de Janeiro, 2002, nº 15, p. 213.

RIZZARDO, Arnaldo. *Direito de Família: Lei nº 10.406, de 10.01.2002*. Rio de Janeiro: Forense, 2004.

RODRIGUES, Sílvio. *Direito Civil: direito de família: volume 6*. 28ª ed. rev. e atual. Por Francisco José Cahali. São Paulo: Saraiva, 2004.

ROUBIER, Paul. *Le droit transitoire (conflits des lois dans le temps)*. 2ª ed. Paris: Dalloz et Sirey, 1960.

RUGGIERO, Roberto de. *Instituições de direito civil*. 3ª ed. São Paulo: Saraiva, 1972. Vol. II.

SALLES, Karen Ribeiro Pacheco Nicole de. *Guarda compartilhada*. Rio de Janeiro: Lumen Juris, 2001.

SANTOS, Frederico Augusto de Oliveira. *Alimentos decorrentes da união estável*. Belo Horizonte: Del Rey, 2001.

SANTOS, J. M. de Carvalho. *Código Civil brasileiro interpretado*. 7ª ed. Rio-São Paulo: Freitas Bastos, 1961. Volumes IV, V e VI.

SANTOS, Luiz Felipe Brasil. Os Alimentos no Novo Código Civil. *Revista Brasileira de Direito de Família* (editada pelo IBDFAM = Instituto Brasileiro de Direito de Família), 16/12. Também: *Revista da AJURIS*, Porto Alegre, março de 2003, 89/217.

———. Artigo sob o título Anotações acerca das separações e divórcios extrajudiciais (Lei 11.441/07), publicado em *www.direitodafamilia.net*.

SANTOS, Moacyr Amaral. *Comentários ao Código de Processo Civil, Lei nº 5.869, de 11 de janeiro de 1973, vol. IV: arts. 332-475*. Rio de Janeiro: Forense, 1994.

SCIALOJA, Vittorio. *Procedimiento civil romano*. Buenos Aires: Ediciones Jurídicas Europa-América, 1954.

SICHES, Luis Recasens. *Tratado general de filosofia del derecho*. 7ª ed. México: Porrua, 1981.

SILVA, Ovídio Araújo Baptista da. *Comentários ao Código de Processo Civil; arts. 796 a 889; do processo cautelar*. Porto Alegre: Letras Jurídicas, 1985. V. XI.

SILVA, Regina Beatriz Tavares da. *Novo Código Civil comentado*. Coordenador: Ricardo Fiúza. São Paulo: Saraiva, 2002.

SOARES, Orlando. *União estável: entidades familiares, companheiros e conviventes, estrutura jurídica do concubinato e da união estável, convenções, regime de bens, descendentes, adoção, alimentos, dissolução do concubinato e da união estável, sucessão, partilha dos bens, sociedade especial, entre homossexuais*. Rio de Janeiro: Forense, 2002.

TAVARES, José de Farias. *O Código Civil e a Nova Constituição*. Rio de Janeiro, Forense, 1990.

TELLES, José Homem Correa. *Doutrina das Acções*. Rio de Janeiro: B. L. Garnier-Livreiro-Editor, 1880.

TEPEDINO, Gustavo. *Temas de Direito Civil*. 2ª ed. Rio de Janeiro-São Paulo: Renovar, 2001.

TORNAGHI, Hélio. *Comentários ao Código de Processo Civil*. 2ª ed. São Paulo: Revista dos Tribunais, 1976. Vol. I.

TRUZZI, Marcelo. *A obrigação alimentar no novo Código Civil*. Revista Brasileira de Direito de Família, IBDFAM-Síntese, dez-jan 2004, 21/33.

VELOSO, Zeno. *Código Civil comentado: direito de família, alimentos, bem de família, união estável, tutela e curatela: arts. 1.694 a 1.783, volume XVII*. Coordenador: Álvaro Villaça Azevedo. São Paulo: Atlas, 2003.

VENOSA, Sílvio de Salvo. *Direito Civil – Direito de Família*. 2ª ed. São Paulo: Atlas, 2002. Vol. V.

VIANA, Marco Aurélio S. *Curso de Direito Civil – Direito de Família*. Belo Horizonte: Del Rey, 1993. Vol. 2.

VIEIRA, Cláudia Stein. *Artigo sob o título A Lei nº 11.441, de 4 de janeiro de 2007, publicado em: Revista Brasileira de Direito de Família*. Porto Alegre: Síntese, IBDFAM, abril-maio 2007. Vol. 41, p. 25.

VILLELA, João Baptista. Alimentos e sucessão entre companheiros: apontamentos críticos sobre a Lei nº 8.971/94, artigo publicado em: *Repertório IOB de Jurisprudência* – 1ª quinzena de abril de 1995, nº 7/95.

WALD, Arnoldo. *Curso de Direito Civil Brasileiro – Direito de Família*. 11ª ed. São Paulo: Revista dos Tribunais, 1998. Vol. IV.

WELTER, Belmiro Pedro. *Estatuto da União Estável*. Porto Alegre: Síntese, 1999.

———. *Investigação de Paternidade*. Porto Alegre: Síntese, 1999.

———. *Alimentos no Código Civil*. Porto Alegre: Síntese, 2003.

WIEACKER, Franz. *História do direito privado moderno*. Lisboa: Fundação Calouste Gulbenkian, 1980.

WOLFF; ENNECERUS; KIPP. *Tratado de derecho civil*. 2ª ed. Barcelona: Bosch, Tomo IV, 2º.

ZANNONI, Eduardo A.. Derecho civil – *Derecho de família*. 2ª ed. Buenos Aires: Astrea y Depalma, 1993. 2 tomos.

ZAVASCKI, Teori Albino. *Antecipação da tutela*. 2ª ed. São Paulo: Saraiva, 1999.

Impressão:
Evangraf
Rua Waldomiro Schapke, 77 - P. Alegre, RS
Fone: (51) 3336.2466 - Fax: (51) 3336.0422
E-mail: evangraf.adm@terra.com.br